THÉATRE DE LA RÉVOLUTION

ROMAIN ROLLAND

LE
14 JUILLET

ACTION POPULAIRE

EN TROIS ACTES

PARIS

LIBRAIRIE HACHETTE ET Cte

79, BOULEVARD SAINT-GERMAIN, 79

1909

1 fr. 50

LE 14 JUILLET

OUVRAGES DU MÊME AUTEUR

LIBRAIRIE HACHETTE ET Cⁱᵉ

Le Théâtre de la Révolution. Un vol. in-16, br. . . . . 3 fr. 50
On vend séparément : *Le 14 Juillet. — Les Loups.*
Chaque vol. in-16, br. . . . . 1 fr. 50

Le Théâtre du Peuple. Essai d'esthétique d'un théâtre
nouveau. Un vol. in-16, br. . . . . 3 fr. 50

Musiciens d'autrefois. Un vol. in-16, br. . . . . 3 fr. 50

Musiciens d'aujourd'hui. Un vol. in-16, br. . . . . . . 3 fr. 50

Vie de Michel-Ange. Un vol. in-16, br. . . . . 2 fr. »

Vie de Beethoven. Un vol. in-16, br. . . . . 2 fr. »

LIBRAIRIE OLLENDORFF

Jean-Christophe. Quatre vol. in-16, br.
    I. *L'Aube.* Un vol.
    II. *Le Matin.* Un vol.
    III. *L'Adolescent.* Un vol.
    IV. *La Révolte.* Un vol.

Jean-Christophe à Paris. Deux vol. in-16, br.
    I. *La Foire sur la Place.* Un vol.
    II. *Antoinette.* Un vol.
    Chaque vol. . . . . 3 fr. 50

LIBRAIRIE FONTEMOING

Histoire de l'Opéra en Europe avant Lully et Scarlatti. Un vol.
in-8, br. . . . . 10 fr.

L'auteur a cherché ici la vérité morale plus que la vérité anecdotique. Il a cru devoir user, dans cette action qu'enveloppe une poésie légendaire, de plus de libertés avec l'histoire qu'il ne se l'était permis en écrivant Danton. Dans cette dernière œuvre, il s'était astreint à serrer d'aussi près que possible la psychologie de quelques personnages : car le drame tout entier était concentré dans l'âme de trois ou quatre grands hommes. — Ici, rien de pareil : les individus disparaissent dans l'océan populaire. Pour représenter une tempête, il ne s'agit pas de peindre chaque vague, il faut peindre la mer soulevée. L'exactitude minutieuse des détails importe moins que la vérité passionnée de l'ensemble. Il y a quelque chose de faux et de blessant pour l'intelligence dans la place disproportionnée qu'ont prise aujourd'hui l'anecdote, le fait divers, la menue poussière de l'histoire, aux dépens de l'âme vivante. — Ressusciter les forces du passé, ranimer ses puissances d'action, — et non offrir à la curiosité de quelques amateurs une froide miniature, plus soucieuse de la mode et du costume que de l'être des héros ; — rallumer l'héroïsme et la foi de la nation aux flammes de l'épopée républicaine, afin que l'œuvre interrompue en 1794 soit reprise et achevée par un peuple plus mûr et plus conscient de ses destinées : tel est notre idéal. Si nous ne sommes pas assez forts pour le réaliser, nous le sommes toujours assez pour y travailler de notre mieux. — La fin de l'art n'est pas le rêve, mais la vie. L'action doit surgir du spectacle de l'action.

Cette pièce a été représentée pour la première fois
au théâtre de la Renaissance-Gémier, le 21 mars 1902,
avec la distribution suivante :

LA CONTAT	Mmes Andrée Mégard
LUCILE DUPLESSIS	Jane Heller
MARIE BOUJU	Renée Bussy
PREMIÈRE FEMME DU PEUPLE	Marcelle Jullien
DEUXIÈME FEMME DU PEUPLE	Jeanne Lion
PREMIÈRE FILLE	Dinard
DEUXIÈME FILLE	Hélène Milton
TROISIÈME FILLE	Delage
UNE JEUNE FILLE	Renée Leduc
LA PETITE JULIE	La petite Marcelle
HOCHE	MM. Gémier
HULIN	Arvel
MARAT	Beaulieu
CAMILLE DESMOULINS	Capellani
VINTIMILLE	Lenormant
DE LAUNEY	Frédal
L'HOMME EN FACTION	Maxence
GONCHON	Baudoin
DE FLUE	Mosnier
BÉQUART	Berthier
ROBESPIERRE	Godeau
UN MANIAQUE	Jehan Adès
UN CROCHETEUR	Jarrier
UN NOTAIRE	Courcelles
UN GARDE FRANÇAISE	Cailloux
UN ETUDIANT	Laforêt
UN GUEUX	Edmond Bauer
UN MARCHAND	Gorieux
PREMIER CRIEUR DE JOURNAUX	Bertin
DEUXIÈME CRIEUR DE JOURNAUX	Mallet
UN ABBÉ	Keller
PREMIER BOURGEOIS	Thoulouze
DEUXIÈME BOURGEOIS	Ludwig
TROISIÈME BOURGEOIS	Schells
QUATRIÈME BOURGEOIS	Regnier

Musique de scène de M. Julien Tiersot

AU PEUPLE DE PARIS

le 14 Juillet

> Pour qu'une nation
> soit libre, il suffit qu'elle
> le veuille.
>
> LA-FAYETTE
>
> 11 juillet 1789

THÉATRE DE LA RÉVOLUTION

ROMAIN ROLLAND

LE
14 JUILLET

ACTION POPULAIRE

EN TROIS ACTES

PARIS
LIBRAIRIE HACHETTE ET Cⁱᵉ
79, BOULEVARD SAINT-GERMAIN, 79

1909

PERSONNAGES

LAZARE HOCHE, caporal aux gardes françaises, 21 ans.

PIERRE-AUGUSTIN HULIN, chasseur du marquis de Vintimille, 31 ans.

JEAN-PAUL MARA[T], médecin et journaliste, 46 ans.

CAMILLE DESMOULINS, avocat au Parlement, 29 ans.

MAXIMILIEN DE ROBESPIERRE, député à l'Assemblée, 31 ans.

JEAN-BAPTISTE DE CLOOTS, baron allemand, 34 ans.

CLAUDE FAUCHÉT, prêtre, 45 ans.

GONCHON Le Patriote, teneur de tripots, 40 ans.

FÉLIX-HUBERT DE VINTIMILLE, commandant des Invalides, 60 ans.

BERNARD-RENÉ JOURDAN, Marquis de Launey, gouverneur de la Bastille, 49 ans.

DE FLUE, Commandant des Suisses, 50 ans.

BÉQUART, invalide, 70 ans.

LOUISE-FRANÇOISE CONTAT, du Théâtre Français, 29 ans.

LUCILE DUPLESSIS (Lucile Desmoulins), 18 ans.

La petite JULIE, 10 ans.

MARIE-LOUISE BOUJU, marchande de légumes, 65 ans.

LE PEUPLE

Une femme du peuple, mère de Julie;
Un petit garçon de sept ans;
Un crocheteur;
Un maniaque;
Un étudiant;
Un patron menuisier;
Un notaire;
Marchands de journaux;
Marchands du Palais-Royal;
Filles du Palais-Royal;
Garde française;
Invalides;
Suisses;
Badauds, Promeneurs, Élégants;
Ouvriers, Gueux, Femmes du peuple, enfants:

toutes les classes; tous les âges.

La scène à Paris, du 12 au 14 juillet 1789

Le premier acte. — Au Palais-Royal, dimanche matin,
12 juillet.

Le deuxième acte. — Au Faubourg Saint-Antoine, nuit du
lundi, 13 juillet.

Le troisième acte. — A la Bastille, et Place de l'Hôtel-de-
Ville, mardi, 14 juillet, de quatre heures à sept heures
du soir.

PERSONNAGES

LAZARE HOCHE, 21 ans. — Grand (« cinq pieds, sept pouces », dit Rousselin), maigre ; les cheveux, les sourcils et les yeux noirs ; une légère cicatrice, du milieu du nez à l'extrémité du front, à droite ; la bouche point grande, et de belles dents. Un peu le type, déjà, des éphèbes néo-grecs de la peinture du Consulat et de l'Empire. Le désir d'être aimable et aimé ; mais la gravité est le fond de sa physionomie réfléchie, bonne, un peu mélancolique, qui porte, comme tout son être, l'empreinte de la volonté. Une tristesse cachée, lointaine. *(L'homme qui mourra jeune, usé par les fatigues, les chagrins, les insuccès, les soupçons, le mal qui mine sourdement sa poitrine athlétique.)* Mais une jovialité héroïque prend le dessus, et, dans les moments de crise, rit d'un rire juvénile qui étonne.

PIERRE-AUGUSTIN HULIN, 31 ans. Suisse, de Genève. — Très grand, très large, blond, flegmatique, parlant peu, sans violence, riant silencieusement, indifférent aux raisons et aux railleries, tranquillement obstiné, avec de subits accès de fureur qui brisent tout. Un héros qui n'agirait pas, sans l'exemple de son ami Hoche, sans son instinct de brave homme, et sans le besoin de dépenser une force herculéenne. *(L'homme qui, sans initiative personnelle, ne recule devant rien, ose tout, et, sorti de rien, montera à tout, sans s'étonner, — plus tard comte de l'Empire, général de division, commandeur de la Légion d'honneur, gouverneur de Milan, de Vienne, de Berlin conquis, commandant de Paris, président de la commission militaire qui fera fusiller le duc d'Enghien.)*

II

JEAN-PAUL MARA[T], 46 ans. D'origine espagnole, né
en Suisse. — Très petit (moins de cinq pieds). Robuste,
non corpulent. — Fabre d'Églantine a tracé de lui un
admirable portrait : « Le cou fort, le visage large et
osseux, le nez aquilin, épaté et même écrasé, avec le
dessous proéminent et avancé; la bouche moyenne,
souvent crispée dans l'un des coins par une contraction
fréquente; les lèvres minces; le front grand, les yeux
gris-jaune, vifs, perçants, naturellement doux, et d'un
regard assuré ; le sourcil rare; le teint plombé et flétri;
le poil noir, les cheveux bruns et négligés. — Il
marchait la tête haute, droite et en arrière, avec une
rapidité cadencée, qui s'ondulait sous un balancement
de hanches. Son maintien le plus ordinaire était de
croiser fortement ses deux bras sur sa poitrine. Il
s'agitait avec véhémence en parlant, et terminait presque
toujours son expression par un mouvement de pied
qu'il tournait en avant, et dont il frappait la terre, en
se relevant subitement sur la pointe, comme pour élever
sa petite taille à la hauteur de son opinion. Le son de
sa voix était mâle, sonore, un peu gras, et d'un timbre
éclatant; un défaut de langage lui rendait difficile à
prononcer nettement le c et l's, dont il mêlait la pro-
nonciation à la consonnance du g, sans autre désagré-
ment sensible que d'avoir le débit un peu lourd, une
pesanteur maxillaire, qu'effaçait l'énergie de sa conviction. — Vêtu d'une façon négligée, complètement
ignorante des convenances de la mode et du goût, et
même avec l'air de la malpropreté ». — Au moral, sous
l'exaltation d'une sensibilité frémissante et irritable,
qui le jette parfois dans des accès convulsifs, un grand
bon sens, une bonhomie qui ne veut pas s'avouer, et
surtout un profond sens moral, un amour ardent de la
vérité et de la pureté, — qui lui fait reconnaître avec
candeur ses propres erreurs, quand la raison les lui a
démontrées.

CAMILLE DESMOULINS, 29 ans. Avocat au Parlement. —
Voir son portrait dans *Danton*. — Bien que moins âgé
que dans *Danton*, moins jeune en apparence: le bonheur
n'a pas encore passé sur lui. — Un maigre levrier. Un

gamin de Paris, audacieux et effronté ; la figure bilieuse,
creusée, flétrie par la misère, les veilles, la vie dissipée ;
riant malgré tout, mais la bouche un peu grimaçante,
et les traits irréguliers.

MAXIMILIEN DE ROBESPIERRE, 31 ans. Député à la
Constituante. — Voir son portrait dans *Danton*. — Mais
sa figure est plus pleine, plus molle ; elle n'a pas encore
été pétrie par une âpre pensée, — creusée par la fatigue
et la responsabilité. — Une flamme blanche, qui s'allume
en silence. L'âme n'a pas pris pleinement conscience
de sa force intérieure ; mais cette force est là, muette,
immobile, se manifestant seulement par l'absolu
renoncement qu'on sent qu'il a déjà fait de sa vie, sans
croire au succès, par un stoïcisme hautain, pessimiste,
et glacé.

JEAN-BAPTISTE DE CLOOTS, BARON DE GNADEN-
THAL, 34 ans. Allemand de Clèves, d'origine hollan-
daise. — Grand : tout est grand en lui : l'œil, le nez, la
bouche, le verbe, la hâblerie, et le bon cœur. Un Gascon
des bords du Rhin. La voix claire, les gestes exubé-
rants et un peu excentriques ; une joie débordante, une
bonne humeur communicative ; le besoin du mouvement et de l'éloquence.

CLAUDE FAUCHET, 45 ans. — « Grand, émacié, d'une
pâleur maladive, l'air en dessous, — un drôle de corps,
écoutant sans en avoir l'air, avec un vague sourire sur
les lèvres, paraissant sommeiller, les bras croisés, la
tête penchée sur la poitrine. » (Reichardt) — Un
Nivernais mystique (un peu comme l'Adam Lux du
Triomphe de la Raison) qui, après avoir été prédicateur
du roi, et abbé d'une paroisse bretonne, deviendra
membre de la Législative, et évêque constitutionnel du
Calvados, prendra part aux plus énergiques mesures
de salut public, puis subira une nouvelle crise, sera
impliqué dans l'attentat de Charlotte Corday, et con-
damné. — Son portrait, au musée Carnavalet, montre
une figure encore de l'ancien régime, fine, aristocratique, « le Fénelon de la Révolution ».

GONCHON LE PATRIOTE, 40 ans. Teneur de tripots au Palais-Royal. — Petit, énorme de figure et de stature, boursouflé, marqué de la petite vérole. Cabotin vaniteux, matamore et menteur, qui veut être terrible, et joue les Mirabeau grotesques.

FÉLIX-HUBERT DE VINTIMILLE, MARQUIS DE CASTELNAU, 60 ans.

BERNARD-RENÉ JOURDAN, MARQUIS DE LAUNEY, gouverneur de la Bastille, 49 ans.

DE FLUE, commandant des Suisses, 50 ans.

BÉQUART, invalide, 70 ans.

LOUISE-FRANÇOISE CONTAT, du Théâtre Français, 29 ans. — Le type des peintures de Boucher. Blonde, grasse, rieuse, la bouche railleuse, l'œil un peu gros, le front et le menton fuyants, l'air hardi et sensuel. « Œil qui parle, regard qui mord » (Goncourt). Elmire du *Tartufe*, et surtout Suzanne de *Figaro*. « La Thalie du Théâtre Français. »

(N.-B. — Au cas où le portrait ne semblerait pas rigoureusement exact à l'érudition de Messieurs de la maison de Molière, il n'y a qu'à substituer à Louise-Françoise sa sœur Marie-Émilie, la soubrette, plus jeune qu'elle de huit ans.)

ANNE-LUCILE-PHILIPPE LARIDON DUPLESSIS (LUCILE DESMOULINS), 18 ans. — Voir son portrait dans *Danton*, — et surtout au musée Carnavalet, le charmant portrait de Boilly. — Tendre, sensuelle, enfantine, romanesque et railleuse.

LA PETITE JULIE, 9 à 10 ans. — Petite fille du peuple, grêle, menue, pâlotte, les yeux bleus.

MARIE-LOUISE BOUJU, marchande de légumes. Passé la soixantaine.

ACTE PREMIER

Dimanche 12 juillet 1789, vers dix heures du matin. — Le
jardin du Palais-Royal, vu du café de Foy. — Au fond, le
« Cirque ». (1) A droite, un bassin aux eaux jaillissantes.
Entre le Cirque et les galeries du Palais, une allée d'arbres.
— Les marchands sont embusqués à la porte de leurs boutiques, décorées d'enseignes patriotiques : *Au Grand Necker;
A l'Assemblée Nationale.* — Des filles, poitrine nue, épaules
nues, et bras nus, empanachées d'énormes bouquets de
fleurs, se promènent au milieu de la foule d'un air provo-
cant. — Des colporteurs crient des journaux. — Des teneurs
de tripots (et, parmi eux, *Gonchon)* circulent en robe de
chambre, escortés d'hommes armés de gourdins. — Des
« banquiers » en plein vent se glissent parmi les groupes,
avec des tabourets-pliants sous le bras, s'installent un instant, déploient un jeu qui se plie comme une carte, sortent
des sacs d'argent, s'esquivent brusquement, et passent. —
Foule remuante et inquiète, incertaine de ses mouvements,
qui s'assied devant les cafés, se lève, court au moindre
bruit, monte sur les chaises et sur les tables, va, revient
sur ses pas, augmente peu à peu, jusqu'à la fin de l'acte,
où les galeries et le jardin regorgent de telle sorte, que
beaucoup montent aux arbres, se suspendent aux branches.
Toutes les classes mêlées : — gueux faméliques et dégue-
nillés, travailleurs, bourgeois, aristocrates, soldats, prêtres,
femmes, enfants, dont quelques-uns continuent leurs jeux
entre les jambes des promeneurs.

---

(1) C'était une enceinte couronnée d'une terrasse, et revêtue de
treillages, qui s'élevait alors comme un bosquet fleuri, au milieu du
jardin.

Grand complot découvert !... La famine! V'là la famine ! L'arrivée des égorgeurs !

LA FOULE, les appelant

Psst !... Par ici !

UN HOMME DU PEUPLE, anxieusement, à un bourgeois qui lit

Eh bien ?

LE BOURGEOIS

Ah ! mon ami ! ils viennent ! Les Allemands, les Suisses... Paris est cerné ! Dans un moment, ils seront ici !

L'HOMME DU PEUPLE

Le Roi ne le permettra pas.

UN GUEUX

Le Roi ? Il est avec eux dans le camp des Sablons, au milieu des Allemands.

L'HOMME DU PEUPLE

Le Roi est un Français.

LE BOURGEOIS

Le Roi, oui. La Reine, non. L'Autrichienne nous hait. Son maréchal des brigands, le vieux de Broglie, a juré d'écraser Paris. Entre les canons de la Bastille et les troupes du Champ de Mars, nous sommes pris dans un étau.

UN ÉTUDIANT

Ils ne bougeront pas. Monsieur Necker est à Versailles, et il veille sur nous.

LE BOURGEOIS

Oui, tant que monsieur Necker restera ministre, il ne faut pas désespérer tout à fait.

LE GUEUX

Qui vous dit qu'il l'est encore?... Ils se sont débarrassés de lui.

TOUS, protestant

Non, non, il reste !... Le journal dit qu'il reste... Il faut qu'il reste !... Ah ! bien, si monsieur Necker n'était plus là, tout serait perdu.

LES FILLES, se promenant

On n'en peut rien faire aujourd'hui. Ils sont fous. Ils ne pensent qu'à Versailles.

— J'ai eu, tout à l'heure, un petit qui ne m'a parlé que de Necker.

— Ah ça ! est-ce que c'est vrai que cette garce d'Autrichienne a foutu nos députés en prison ?

LES BANQUIERS, faisant tinter mystérieusement leurs sacs d'argent sous le nez des gens

Creps, passe dix, trente et un, biribi. — La fortune, messieurs, caressons la fortune !

Belle matinée de dimanche. Dix heures. Et le jardin est plein ! Que sera-ce tout à l'heure ?

— Belle montre, et peu de rapport. Ils ne viennent que chercher des nouvelles.

— Bah ! quand on sait s'y prendre !

GONCHON, aux marchands

Çà, mes enfants, remuons-nous, remuons-nous ! Ce n'est pas tout de faire bien ses affaires. Il faut les faire, cela s'entend. Mais il faut aussi être bons patriotes. L'œil au guet, morbleu ! Je vous préviens que cela mijote.

UN MARCHAND

Savez-vous quelque chose, monsieur Gonchon ?

GONCHON

Attention ! Le grain approche. Tout le monde à son poste ! Et quand le moment sera venu, chauffez-moi ces idiots, et braillez avec ensemble...

UN MARCHAND

Vive la Nation !

GONCHON, lui donnant une bourrade

Veux-tu te taire, imbécile !... Vive le duc d'Orléans ! — Après ça, tu peux crier les deux. L'une fera passer l'autre.

Plumé ! ils m'ont tout pris ! — Je te l'avais bien
dit, Camille, tu vas te faire voler. Te voilà content !
C'est fait. — Eh bien, ce n'est donc plus à faire. —
Je prévois toujours les sottises que je vais faire.
Mais, grâce à Dieu, je n'en manque pas une. — J'ai
toujours tué deux heures. Le courrier de Versailles
est-il enfin arrivé ? Ah ! le coquin ! Ils s'entendent
tous comme larrons en foire. On meurt d'impatience
à attendre sa venue. Les tripots vous font signe :
on entre pour passer le temps. Il faut bien s'oc-
cuper les mains et le reste. Les cartes et les
filles ont été faites pour cela. Elles savent vous
soulager de l'argent inutile. Mes poches ne pèsent
plus guère. Qui veut voir une bourse toute neuve ?
Aga ! il n'y a pas une pièce !

« On t'y ratisse, tisse, on t'y ratissera. »

Chauves-souris de Vénus, vous voilà bien fières
d'avoir croqué l'argent d'un pauvre petit diable ! —
Morbleu ! il ne vous en veut pas.

« Je le perdrais encor si j'avais à le perdre. »

A bourse de joueur n'y a point de loquet.

GONCHON

Jeune homme, je vois que vous êtes gêné. Pour
vous obliger, je vous prêterai sur cette chaîne trois
écus.

DESMOULINS

Généreux Gonchon, tu veux donc me mettre tout
nu comme un Saint-Jean? Laisse faire ces demoi-
selles. Elles s'en chargent bien sans toi.

GONCHON

Jean-foutre de petit gueux, sais-tu à qui tu parles ?

DESMOULINS

Tu es Gonchon : c'est tout dire. Tu es bijoutier,
usurier, horloger, banquier, limonadier, bordelier.
Tu es tout, tu es Gonchon, roi des tripots.

GONCHON

Que parles-tu de tripots ? J'ai fondé quelques
clubs, où sous prétexte de divertissements honnêtes et naturels, on se réunit pour étudier les
moyens de réformer l'État; — des assemblées de
libres citoyens, de patriotes...

DESMOULINS

Où la patrie va-t-elle se nicher ?

GONCHON

... La Société des hommes de la Nature...

20

Des femmes de la nature.

GONCHON

Mauvais plaisant ! — Si tu n'as pas assez de pudeur pour respecter un homme respectable, respecte au moins l'enseigne sous l'égide de laquelle ma maison est placée.

DESMOULINS, sans regarder

Quelle enseigne ? Aux quarante voleurs ?

GONCHON, furieux

Au Grand Necker !

DESMOULINS

Tu es dur pour lui, Gonchon. — Il regarde... Et qu'y a-t-il de l'autre côté ?

GONCHON

Ce n'est rien.

DESMOULINS

Je vois un autre portrait.

GONCHON

C'est le duc d'Orléans. Deux faces d'une même figure.

Le devant et le derrière ! — Ceux qui écoutent, rient. Gonchon s'avance, menaçant, avec ses marchands. C'est bon, c'est bon, ne me fais pas assommer par ta garde prétorienne. Tu veux un certificat de civisme ? O Janus Gonchon, je te l'accorde. Tu donnes du pain à tous les fripons de Paris, et tu prends celui des honnêtes gens, de sorte qu'ils n'ont plus qu'une envie : aller se battre. *Audax et edax.* Vive la Révolution !

GONCHON

Je te pardonne, parce qu'on ne se bat pas en présence de l'ennemi... et parce que tu es un client. Mais je te donne rendez-vous tout à l'heure devant les Versaillais.

DESMOULINS

Est-ce qu'ils viennent vraiment ?

GONCHON

Ah ! tu pâlis déjà ? — Le combat se prépare. Les mercenaires de Lorraine et de Flandre sont dans la plaine de Grenelle ; l'artillerie à Saint-Denis ; la cavalerie allemande à l'École militaire. A Versailles, le maréchal, entouré d'aides de camp, lance des ordres de guerre. Ils attaqueront, cette nuit.

UNE FEMME

Miséricorde ! Qu'allons-nous devenir ?

22

UN BOURGEOIS

Les brigands! Ils nous traitent comme si nous étions l'ennemi.

UN OUVRIER, à Gonchon

D'où sais-tu cela? La route de Versailles est coupée. Ils ont mis des canons au pont de Sèvres. Ils empêchent de passer.

GONCHON

Des soupçons? Je fais manger mon poing au premier qui doute de mon civisme. Est-ce qu'on ne connaît point Gonchon, ici?

L'OUVRIER

On ne te soupçonne pas. Apaise-toi. Nous avons trop à faire pour nous quereller entre nous. On te demande d'où tu tiens ces renseignements.

GONCHON

Je n'admets point qu'on me questionne. Je sais ce que je sais. J'ai mes informations.

UN AUTRE OUVRIER, au premier

Laisse-le, c'est un bon, un avale-dru.

UN BOURGEOIS

Qu'allons-nous faire, mon Dieu?

UN ÉTUDIANT

Aux portes! Tous aux portes! Empêchons-les
d'entrer.

UN BOURGEOIS

Comme si l'on pouvait empêcher d'entrer — de
pauvres gens comme nous, sans armes, sans habitude de la guerre — les meilleures troupes du
royaume!

UN AUTRE

Eh! ils sont entrés déjà! Nous avons là cette Bastille, ce chancre installé dans notre corps, qui nous
ronge tranquillement, sans qu'on puisse l'extirper.

UN OUVRIER

Ah! la gueuse! Qui nous en délivrera?

UN ÉTUDIANT

Ils y ont encore fait rentrer une compagnie de
Suisses, aujourd'hui.

UN AUTRE

Ses canons sont en batterie sur le faubourg
Saint-Antoine.

UN OUVRIER

Rien, on ne pourra rien faire, tant qu'on aura
ce mors dans les dents. Il faudrait commencer par
là, l'arracher.

UN BOURGEOIS

UN OUVRIER

UN BOURGEOIS

Et le moyen?

UN OUVRIER

Le moyen, je ne sais pas, moi. Il faudrait la prendre.

TOUS, d'un air sombre et incrédule

Prendre la Bastille!

Ils se détournent les uns des autres.

LES CRIEURS DE JOURNAUX, au loin

V'là du nouveau! — Combat à mort!

UN HOMME, hâve et râpé, à l'air maniaque

Ce n'est pas les soldats qu'il faut craindre. Ils n'attaqueront pas.

TOUS

Quoi?

LE MANIAQUE

Ils n'attaqueront pas. Leur plan est bien plus simple, ils nous bloquent. Ils attendent que nous mourions de faim.

UN OUVRIER

Ma foi, s'ils continuent, nous en prenons le chemin. On perd sa journée de travail à attendre le pain aux boulangeries.

UNE FEMME

Les farines se font rares.

LE MANIAQUE

Elles n'arriveront plus demain.

UN BOURGEOIS

Mais que font-ils des blés ?

LE MANIAQUE

Je le sais, moi. Ils les ont enfouis dans les car-
rières de Senlis et de Chantilly, pour qu'ils pour-
rissent, et que nous ne les mangions pas.

LE BOURGEOIS, incrédule

Allons donc !

LE MANIAQUE

C'est ainsi.

UNE FEMME

C'est vrai. En Champagne, la cavalerie a détruit
le blé en herbe afin de nous affamer.

LE MANIAQUE

Bien mieux que cela. Ils empoisonnent le pain
qu'ils nous donnent. Il brûle la gorge et les
entrailles. Vingt personnes en sont mortes dans
mon quartier. C'est l'ordre de Versailles. On veut
nous faire crever comme des rats.

DESMOULINS

C'est fou. Aucun roi ne peut vouloir assassiner son peuple. Il faut être Néron. Nous n'en sommes pas encore là.

LE MANIAQUE, mystérieusement

Je sais le mot de la chose. La nation est trop nombreuse. Il y a des ordres pour dépeupler la France.

DESMOULINS

Tu es malade, l'ami, il faut te faire soigner.

UN OUVRIER

Il y a du vrai là-dedans. La Reine voudrait que nous fussions tous morts.

DESMOULINS

Quel intérêt y a-t-elle ?

L'OUVRIER

Elle est Autrichienne, parbleu. L'Autriche a toujours été l'ennemie de la France. Si celle-là a consenti à épouser notre roi, c'est pour nous faire du mal. Nous ne serons pas tranquilles, tant qu'elle sera chez nous.

LES AUTRES

Il a raison. Hors de France, l'Autrichienne !

LA CONTAT, au milieu de la foule

Pourquoi donc ?

LA FOULE

Comment ? Pourquoi donc ?

LA CONTAT, se montrant

Eh bien, oui, pourquoi ? Êtes-vous fous de vous en prendre à la plus charmante, à la meilleure des femmes ?

LA FOULE

Ah ça ! qui ose dire du bien de l'Autrichienne, ici ?

— Sacrebleu ! Voilà qui est fort ! On nous insulte à notre face !

DESMOULINS, à la Contat

Taisez-vous, partez sans leur répondre.

LA CONTAT

Pourquoi ?

DESMOULINS

On s'attroupe. On vient de tous côtés.

LA CONTAT

Tant mieux.

UN GUEUX

Qu'est-ce que tu as dit, l'aristocrate ? Qu'est-ce que tu as dit ?

28

LA CONTAT, l'écartant

Ne me souffle pas dans le nez. J'ai dit : Vive la Reine !

LA FOULE, exaspérée

Cré bon Dieu !

UN COMMIS

Voilà une belle fille qui a besoin d'une fessée.

LA CONTAT

Voilà un sot visage qui n'attendra pas la sienne.

Elle le soufflette.

LE COMMIS

Au secours !

Les uns rient, les autres crient.

LA FOULE, accourant

Holà ! — Venez voir ! — Qu'y a-t-il ? — C'est une aristocrate qui assomme un patriote ! — A l'eau !

DESMOULINS

Citoyens, c'est une plaisanterie...

LA FOULE, furieuse

A l'eau !

HULIN, fendant la foule, qu'il domine de sa taille herculéenne

Holà ! — Il se met devant la Contat. Vous me connaissez bien, camarades. Je suis Hulin. Vous m'avez vu à l'œuvre, l'autre jour. J'ai enfoncé la porte de l'Ab-

baye, pour délivrer nos amis, les garde française
emprisonnés. J'enfoncerai de même la tête du premier qui avance. Respect aux femmes, que diable !
Si vous voulez vous battre, l'ennemi ne manque pas.
Allez le chercher !

LA FOULE

Il a raison. — Bravo ! — Pas du tout ! Elle nous
a insultés ! Il faut qu'elle demande pardon ! — A
genoux, l'aristocrate ! — Qu'elle crie : A bas la
Reine !

LA CONTAT

Je ne crierai rien du tout. — A Desmoulins. Aidez-
moi à monter. — Elle monte sur une table. Si vous m'en-
nuyez, je crierai : A bas Necker ! Hurlements. Vous ne
m'intimidez pas. Croyez-vous me faire peur, parce
que vous êtes une foule, et que vous avez cent
gueules qui hurlent. Je n'en ai qu'une ; mais elle
sait se faire entendre. J'ai l'habitude de parler au
peuple. Je vous vois tous les soirs en face. Je suis
mademoiselle Contat.

LA FOULE

Contat du Théâtre Français ! — du Théâtre français ! — Ah ! ah ! laisse voir ! — Silence !

LA CONTAT

Vous n'aimez pas la reine ? vous lui donnez son
congé ? Est-ce que vous allez chasser de France

30

maintenant toutes les jolies femmes ? Vous n'avez
qu'à le dire : nous ferons notre paquet. Nous verrons ce qui se passera sans nous. — Vous m'amu-
sez en m'appelant aristocrate. Je suis fille d'une fri-
turière de harengs, qui avait son échoppe sous le
Châtelet. Je travaille comme vous. J'aime autant
que vous Necker. Je suis pour l'Assemblée. Mais
je ne puis souffrir qu'on me commande ; et je crois,
têtebleu ! que si vous vous avisiez de vouloir me
faire crier : Vive la Comédie ! je crierais : à bas
Molière ! Pensez ce que vous voulez. Il n'y a pas de
lois contre la sottise. Mais il n'y a pas de lois non
plus pour y obliger ceux qui gardent leur bon sens.
J'aime la reine, je le dis.

Je crois 'bien : elles sont de moitié ensemble.
Elles ont toutes deux le comte d'Artois pour amant.

Quel fil ! ça parle tout seul !
— Elle est en gueule comme personne.

Citoyens, on ne peut demander à une reine de
parler contre la royauté. La vraie reine, la voici :
Les autres sont reines de pacotille, monarques
fainéants. Leur seule utilité est de pondre un dau-
phin. Une fois le petit éclos, il n'y a plus rien à en

faire. Elles vivent à nos dépens, et nous coûtent
fort cher. Le plus sage serait de renvoyer cette
volaille autrichienne à son poulailler, d'où on la fit
venir à grands frais, comme s'il manquait de filles
en France pour faire des enfants. — Parlez-moi des
reines de théâtre. Celles-là sont faites pour le bonheur du peuple. Pas une heure de leur vie qui ne
soit à notre service. Pas un pouce de leur personne
qui ne soit pour notre plaisir. C'est notre chose,
notre bien, notre propriété nationale. Par Vénus
aux belles joues, défendons-la, et crions tout d'une
voix : Vive la reine, la vraie, celle-ci, vive la
Contat !

LA FOULE

Vive la reine Contat !

LA CONTAT

Merci. — A Desmoulins. Donnez-moi le bras, vous ;
vous êtes plus gentil que les autres. — M'avez-
vous assez regardée ? C'est bon, laissez-moi passer.
Si vous voulez me revoir, vous connaissez le
chemin du théâtre. — Comment vous appelez-vous ?

DESMOULINS

Camille Desmoulins. — Imprudente ! Je vous
l'avais dit. N'avez-vous pas eu peur ?

Peur de quoi ?

DESMOULINS

Ils ont failli vous tuer.

LA CONTAT

Allons donc ! Ils crient toujours, ils ne font jamais
de mal.

DESMOULINS

O aveugle ! On a bien raison de dire que le
mépris du danger n'est que l'ignorance du danger.

LA FOULE

Une petite femme qui n'a pas froid aux yeux.
— Non, cristi, ni ailleurs.

UN OUVRIER

C'est égal, mademoiselle, ce n'est pas bien de
vous mettre contre les pauvres gens comme nous,
avec les exploiteurs.

LE MANIAQUE

Parbleu ! Une accapareuse !

LA CONTAT

Comment ! Une accapareuse !

LE MANIAQUE

Regardez-moi cette perruque.

Eh bien ?

LE MANIAQUE

Cette quantité de poudre ! Avec la farine qui passe sur la nuque de ces désœuvrées, on aurait de quoi nourrir tous les pauvres de Paris.

LA CONTAT

Si j'étais Celui qui tirait de sept petits poissons secs le repas de quatre mille hommes, je me ferais un plaisir de nourrir le peuple avec la poussière de mes cheveux. Faute de mieux, je tâche de tromper sa faim en réjouissant ses yeux.

DEUXIÈME OUVRIER

Laissez ce maniaque tranquille. Mais si vous avez bon cœur, mademoiselle, — et cela se voit dans vos yeux, — comment pouvez-vous défendre les brigands qui veulent notre mort ?

LA CONTAT

Ta mort, mon pauvre ami ! Qui parle de cela ?

UN ÉTUDIANT

Mais vous ne savez donc rien ? Tenez, voici une nouvelle lettre de l'homme de l'Autrichienne, le maréchal des jésuites, le vieil assassin, l'âne chargé d'amulettes, de reliques, de médailles, le de Broglie ! Savez-vous ce qu'il écrit ?

LA FOULE

LA FOULE

Lisez ! Lisez !

L'ÉTUDIANT

Ils ont fait une conspiration. Ils veulent briser nos États Généraux, enlever nos députés, les jeter en prison, expulser notre Necker, vendre la Lorraine à l'Empereur pour avoir de l'argent et pour payer leurs troupes, bombarder Paris, écraser le peuple. Le complot est pour cette nuit.

GONCHON

Avez-vous entendu ? En avez-vous assez, ou vous en faut-il davantage encore pour vous secouer ? Merci de ma vie ! Est-ce que nous allons nous laisser égorger comme des cochons ? Ah ! nom de nom ! Ah ! nom de nom ! — Aux armes ! — Heureusement que nous avons un protecteur tout prêt, et qu'il veille sur nous. Vive Orléans !

LES GENS DE GONCHON

Vive Orléans !

LA FOULE

Aux armes ! Marchons sur eux !

MARAT, surgissant sur une chaise ; petit, nerveux, agité, se dressant sur la pointe de ses pieds, quand il enfle la voix.

Arrêtez ! —Malheureux, où courez-vous ? Ne voyez-vous pas que les égorgeurs n'attendent qu'un soulè-

35

vement de Paris, pour y déchaîner leur rage ?
N'écoutez pas ces perfides conseils. Ce sont des
ruses scélérates pour consommer votre perte. —Oui,
toi, toi, qui excites ce peuple, qui te prétends un
patriote, qui me dit que tu n'es pas un agent du
despotisme, chargé de provoquer les bons citoyens,
et de les livrer aux hordes de Versailles ? Qui
es-tu ? D'où sors-tu ? Qui répond de toi ? Je ne te
connais pas, moi.

GONCHON

Je ne te connais pas non plus.

MARAT

Si tu ne me connais pas, c'est que tu es un scélérat.
Je suis connu partout où est la misère et la vertu.
Je passe mes nuits à soigner les malades, mes jours
à veiller sur le peuple. Je me nomme Marat.

GONCHON

Je ne te connais pas.

MARAT

Si tu ne me connais pas, tu me connaîtras bientôt,
traître ! — O peuple crédule, peuple absurde, ouvre
donc les yeux ! Sais-tu seulement où tu es ? Quoi !
C'est ici que tu te réunis pour rêver et accomplir ta
liberté ? Mais regarde, regarde ! C'est ici le repaire
de tous les exploiteurs, de tous les désœuvrés, des

36

banquiers escrocs, des voleurs, des prostituées, des mouchards déguisés, des suppôts de l'aristocratie !

DESMOULINS

Bravo, Marat ! Bien touché !

LA CONTAT

Qui est ce sale petit homme qui a de si beaux yeux ?

DESMOULINS

Un médecin journaliste.

UNE AUTRE PARTIE DE LA FOULE

Continuez ! Elle applaudit.

MARAT

Que m'importent les clameurs de ces traîtres, ces complices de la famine et de la servitude ? Ils vous volent ce qui vous reste d'argent avec le jeu, de vigueur avec les filles, de bon sens avec l'eau-de-vie. — Idiots ! et vous venez vous mettre dans leurs mains, leur apporter vos secrets, vous livrer tout entiers ! Mais derrière chaque pilier, à chaque coin de café, à vos côtés, à votre table, un espion vous écoute, vous observe, note ce que vous dites, prépare votre perte. Fuyez cette sentine, vous qui voulez être libres ! Avant d'engager le suprême combat, commencez par faire le compte de vos forces. Où sont vos armes? Vous n'en avez pas. Forgez des piques, fabriquez des fusils. — Où sont vos amis? Vous n'en avez pas. Votre voisin vous trompe. Celui qui vous donne la main, peut-être vous trahit. Vous-mêmes, êtes-vous sûrs de vous-mêmes? Vous êtes en guerre avec la corruption, et vous êtes corrompus. — Huées du peuple. Vous protestez? Si l'aristocratie vous offrait de l'or et de la ripaille, osez me jurer que vous ne deviendriez pas tous des aristocrates! Vous ne m'imposerez pas silence. Vous entendrez la vérité. Vous êtes trop habitués aux flatteurs qui vous courtisent et vous trahissent. Vous êtes vains, vaniteux, frivoles ; vous n'avez ni force, ni caractère, ni vertu. Toute votre vigueur se dépense en discours. Vous êtes mous, incertains, sans volonté ; vous tremblez devant le bout d'un fusil...

LA FOULE

Assez! Assez!

MARAT

Vous criez : Assez! Et je le crie avec vous, je le crie plus fort que vous. Assez de vices, assez de sottises, assez de lâchetés! Recueillez-vous, surveillez-vous, épurez-vous, retrempez vos âmes, ceignez vos reins! — O mes concitoyens, je vous dis vos vérités un peu durement; mais c'est que je vous aime!

38

Regardez ! Il pleure maintenant.

MARAT

On vous donne de l'opium. Moi, je verse de l'eau-forte dans vos blessures, et j'en verserai jusqu'à ce que vous soyez pleinement rentrés dans vos droits et dans vos devoirs, jusqu'à ce que vous soyez libres, jusqu'à ce que vous soyez heureux. Oui, en dépit de votre légèreté, vous serez heureux, vous serez heureux, ou je ne serai plus !

> Il finit, les joues couvertes de larmes, la voix coupée par ses sanglots.

LA CONTAT

Ses joues ruissellent de larmes. Ah ! qu'il est drôle !

LE PEUPLE, moitié riant, moitié acclamant

Voilà un ami du peuple ! Vive Marat !

> Ils l'entourent, le soulèvent malgré lui, le mettent sur leurs épaules, bien qu'il se débatte, et ils le promènent quelques pas, secoué de tremblements convulsifs, de grosses larmes coulant le long de ses joues.

HULIN, remarquant une petite fille qui regarde Marat avec des yeux pleins de larmes

Eh ! petite, qu'as-tu ? Tu pleures aussi ?

> La petite s'écarte avec brusquerie, sans répondre, et ne détourne pas les yeux de Marat, que ses porteurs posent à terre. Elle court à lui.

Ne pleurez pas, ne pleurez pas !

MARAT, regardant la petite

Qu'as-tu, petite fille ?

JULIE

Ne soyez pas malheureux, je vous en prie, je vous
en prie !... Nous serons meilleurs, oui, je vous pro-
mets, nous ne serons plus lâches, nous ne menti-
rons plus, nous serons vertueux, je vous jure !...

La foule rit et regarde. Hulin fait signe à ses voisins de
faire silence, pour ne pas troubler la petite. Marat, qui s'est
assis, change brusquement d'expression en l'écoutant. Sa
figure s'éclaire. Il regarde l'enfant avec une grande dou-
ceur, lui prend les mains.

MARAT

Pourquoi pleures-tu ?

JULIE

Parce que vous pleurez.

MARAT

Est-ce que tu me connais ?

JULIE

Quand j'étais malade, vous m'avez soignée.

MARAT, *l'attire doucement vers lui, la regarde dans les yeux, lui écarte les cheveux*

Tu te nommes Julie. Ta mère est blanchisseuse. Tu as eu la rougeole, cet hiver. Tu avais peur. Tu criais dans ton lit que tu ne voulais pas mourir. *Elle détourne la tête, il la serre contre sa poitrine, en souriant.* N'aie pas honte. — Tu me comprends donc, toi? Tu es avec moi? Sais-tu seulement ce que je veux?

JULIE

Oui, je veux aussi...

Le reste de sa phrase se perd dans un balbutiement.

MARAT

Qu'est-ce que tu veux?

JULIE, *relevant la tête et parlant avec une conviction qui fait sourire*

La liberté.

MARAT

Pour quoi faire?

JULIE

Pour la donner.

MARAT

A qui?

JULIE

Aux malheureux qui sont enfermés.

MARAT

Où donc?

JULIE

Là-bas, dans la grande prison. Ceux qui sont seuls toute leur vie, qui ne voient plus personne, que tout le monde oublie.

> La foule a changé d'attitude. — Elle écoute, brusquement devenue sérieuse; quelques-uns froncent le sourcil; ils ne se regardent pas entre eux; ils ont les yeux fixés à terre, et semblent parler seuls.

MARAT, surpris

D'où sais-tu cela, petite ?

JULIE

Je sais... On me l'a dit... J'y pense souvent, la nuit.

MARAT, doucement, lui caressant la tête

Il faut dormir, la nuit.

JULIE, après un silence de quelques instants, prenant avec vivacité la main de Marat

Nous les délivrerons, n'est-ce pas ?

MARAT

Comment ?

JULIE

Il n'y a qu'à aller tous ensemble.

LA FOULE, riant

Voilà ! Ce n'est pas plus difficile que cela !

> La petite lève les yeux, voit brusquement le cercle de têtes curieuses, qui l'entourent et la regardent. Elle est intimidée, et se cache la figure dans un de ses bras, appuyé sur la table de Hulin.

42

LA CONTAT

Est-elle gentille !

MARAT, la regarde

O sainte vertu de l'enfance, pure étincelle de
bonté, comme ta lumière repose, comme le regard
se détend dans tes regards innocents ! Ah ! que le
monde serait sombre sans les yeux des enfants !

Il va gravement vers l'enfant, lui prend la main qui pend le
long du corps, et l'embrasse.

UNE FEMME DU PEUPLE, arrivant

Julie ! — Comment ! tu es ici ? — Que fait-elle au
milieu de tout ce monde ?

DESMOULINS

Elle haranguait la foule.

On rit.

LA MÈRE

Mon Dieu ! Elle, si timide ! Qu'est-ce donc qui l'a
prise ?

Elle va vers Julie; mais dès qu'elle veut toucher la petite,
celle-ci se sauve sans parler, avec une sauvagerie enfantine.

LA FOULE, riant et frappant des mains

Sauve-toi, vermisseau !

On entend de grands cris au fond du jardin.

LA FOULE

Venez donc ! Venez donc !

— Qu'est-ce qu'on voit ?

— On baigne une comtesse !

43

LA CONTAT

On baigne une comtesse ?

LA FOULE

Elle a injurié le peuple ; on la trempe dans le bassin.

LA CONTAT, au bras de Desmoulins, riant

Courons vite ! Dieu ! que c'est amusant !

DESMOULINS

Le premier spectacle de l'Europe !

LA CONTAT

Insolent ! — Et la Comédie !

Ils sortent en riant. Le peuple court au dehors, en criant et riant. Marat et Hulin restent seuls au premier plan, l'un debout, l'autre assis à une table de café. — Une foule compacte occupe tout le fond de la scène, quelques-uns debout sur des chaises, tous regardant ce qui se passe dans le jardin. Des promeneurs continuent de circuler sous les galeries, au second plan.

MARAT, montrant le poing à la foule

Histrions ! — Ce n'est pas la liberté qu'ils cherchent, c'est la comédie ! Dans un jour où leur vie à tous est en jeu, ils ne pensent qu'à se donner en spectacle les uns aux autres. J'ai assez de ce peuple. Ses soulèvements ne sont qu'un tissu de pantalonnades. Je ne veux plus les voir. Ah ! vivre enfermé

dans une cave, muré aux bruits du dehors, afin que
la bassesse du monde n'arrive plus jusqu'à moi !

Allons, monsieur Marat, ne vous découragez pas.
Cela en vaut-il la peine ? Ce sont de grands enfants
qui jouent. Vous les connaissèz comme moi. Il n'y a
rien de sérieux dans tout cela. Pourquoi le prendre
au tragique ?

Qui es-tu, toi ?

Je suis de votre pays, de Neuchâtel en Suisse.
Vous ne me remettez pas. Moi, je vous connais bien.
Je vous ai vu tout enfant, à Boudry.

Tu es Hulin, Augustin Hulin ?

Vous y êtes.

Que fais-tu ici ? Tu étais horloger à Genève.

J'étais tranquille, là-bas. Mais je comptais sans
mon frère, un drôle, qui s'est lancé dans des spécu-

lations, de louches entreprises, où il a engagé sa
signature. Naturellement, il s'est avisé de mourir
ensuite, laissant sa femme et un enfant de trois ans
sans ressources. J'ai vendu ma boutique pour les
tirer d'affaire ; et je suis venu à Paris, où je suis
entré au service du marquis de Vintimille.

MARAT

Je ne m'étonne plus de tes lâches paroles. Tu es
un domestique.

HULIN

Et quel mal y a-t-il ?

MARAT

N'as-tu pas honte de servir un homme comme
toi ?

HULIN

Il n'y a aucune honte à cela. Nous servons tous,
chacun à notre manière. N'êtes-vous pas médecin,
monsieur Marat ? Vous passez vos journées à exa-
miner les plaies, à les panser de votre mieux. Vous
vous couchez fort tard, vous vous levez dans la
nuit à l'appel de vos clients. N'est-ce point là
servir ?

MARAT

Je ne sers point un maître, je sers l'humanité.
Mais toi, tu t'es fait le valet d'un homme corrompu,
un misérable aristocrate.

46

HULIN

Ce n'est pas parce qu'il est corrompu, qu'il n'a pas besoin de service. Vous ne demandez pas à ceux que vous soignez s'ils sont bons ou mauvais. Ce sont des hommes, c'est-à-dire de pauvres diables comme nous. Quand ils ont besoin d'un coup de main, il faut le leur donner sans marchander. Mon maître, comme tant d'autres, est atrophié par la richesse. Il ne peut se suffire à lui-même; il lui faut cinquante bras pour le servir. Moi, j'ai trois fois plus de force qu'il ne m'en faut pour moi-même; je ne sais à quoi l'employer. De temps en temps, j'ai envie de briser quelque chose pour me soulager. Puisque cet imbécile a besoin de ma force, je la lui vends. Nous sommes quittes. Je lui fais du bien, et à moi aussi.

MARAT

Tu vends aussi ton âme libre, ta conscience.

HULIN

Qui parle de cela? Je défie bien qui que ce soit de me la prendre.

MARAT

Tu te soumets pourtant. Tu ne dis point ta pensée.

HULIN

Qu'ai-je besoin de la dire? Je la connais. Bon pour ceux qui n'en sont point sûrs, de la crier aux

vents. Ce n'est pas pour les autres que je pense,
c'est pour moi.

MARAT

Rien n'est à toi de ce qui est en toi. Tu ne
t'appartiens pas. Tu es solidaire du monde. Tu lui
dois ta force, ta volonté, ton intelligence, — si peu
quë tu en aies.

HULIN

La volonté et l'intelligence ne sont pas une
monnaie qui se donne. L'ouvrage qu'on fait pour
les autres est de l'ouvrage mal fait. Je me suis fait
libre. Qu'ils fassent comme moi.

MARAT

Je reconnais bien là mes odieux compatriotes.
Parce que la Nature leur a donné une taille de six
pieds et des muscles de brute, ils se croient le droit
de mépriser ceux qui sont faibles et malades. Et
quand, après avoir travaillé leurs champs et rentré
leurs récoltes, ils s'asseyent à leur porte, en suçant
pendant des heures une pipe dont la dégoûtante
fumée achève d'assoupir leur morne conscience, ils
croient leur devoir accompli, et disent aux malheureux qui leur tendent la main : « Tu n'as qu'à faire
comme moi. »

HULIN, tranquillement

Vous me connaissez à merveille. C'est ainsi que
je suis. — Il rit dans sa barbe.

48

Ne le crois donc pas, citoyen. Il se calomnie. Il
ne voit pas une infortune sans lui tendre la main.
L'autre semaine, il s'est mis à notre tête, pour
délivrer mes camarades, les garde française, emprisonnés à l'Abbaye par les aristocrates.

C'est toi, Hoche? Qui te demande ton avis? —
Ce sont des balivernes. Je le disais tout à l'heure :
ma force me gêne parfois; alors j'enfonce une
porte, ou je démolis un mur. Parbleu! quand je
vois un homme se noyer, je lui tends aussi la main :
cela ne se raisonne pas. Mais je ne suis pas à
l'affût des gens qui se noient; ni surtout, je ne vais
pas les jeter à l'eau d'abord, comme ces faiseurs de
révolutions, pour les sauver après.

MARAT

Tu as honte du bien que tu fais. Je hais les fanfarons de vice. — Il lui tourne le dos. — A Hoche. Et toi,
que portes-tu là, sur ton bras?

HOCHE

Des gilets que j'ai brodés, et que je tâche de
vendre.

MARAT

Belle tâche pour un soldat ! Tu couds des habits ?

HOCHE

Cela vaut toujours autant que d'en découdre.

MARAT

Tu ne rougis pas de voler leur métier aux femmes ? — Et voilà ce dont tu t'occupes ! Tu penses à ton commerce, tu supputes tes gains, tu amasses des écus, quand Paris va s'écrouler dans le sang !

HOCHE, tranquille et un peu dédaigneux

C'est bon, nous avons le temps. Chaque chose en son lieu.

MARAT

Ton cœur est froid. Ton pouls bat lentement. Tu n'es pas un patriote. — A Hulin. Quant à toi, tu es plus coupable qu'un mauvais homme. Ta nature était saine, ton instinct te portait au bien, et c'est volontairement que tu les pervertis. — O Liberté ! voilà tes défenseurs. Indifférents à tes dangers, ils ne feront rien pour les combattre. — Eh bien, moi, moi, quand je resterais seul, je ne t'abandonnerai pas. Je veillerai sur ce peuple. Je le sauverai malgré lui. — Il sort.

Un joyeux compère ! Il voit le monde en rose. —
C'est un médecin de mon pays. On sent qu'il a
l'habitude d'expédier les gens. Son métier ne lui
suffisait plus. Afin d'aller plus vite en besogne, il
s'est mis en tête de soigner l'humanité.

HOCHE, suivant des yeux Marat, avec un mélange de pitié
et d'intérêt

Un honnête homme. Les souffrances du monde
résonnent trop fort en lui ; elles troublent son jugement. Il est malade de vertu.

HULIN

D'où le connais-tu ?

HOCHE

J'ai lu ses livres.

HULIN

Tu as du temps à perdre. Où les as-tu trouvés ?

HOCHE

Je les ai achetés avec le produit de ces gilets,
qu'il me reprochait si âprement.

HULIN, le regardant

Montre un peu. Qu'as-tu là ? tu t'es encore
battu ?

HOCHE

Ma foi, oui.

HULIN

Sauvage ! — Où as-tu attrapé cela ?

HOCHE

Place Louis XV. Je passais. L'arrogance de ces
Allemands, campés dans mon Paris, m'a porté sur
les nerfs. Je n'ai pu m'empêcher d'aller leur rire au
nez. Ils sont tombés sur moi, toute une bande. Le
peuple m'a dégagé. Mais j'en ai toujours salé un ou
deux, pour ma part.

HULIN

Voilà une belle équipée ! Cela te coûtera cher.

HOCHE

Bah ! — Rends-moi un service, Hulin. Lis-moi
cette lettre.

HULIN

Une lettre à qui ?

HOCHE

Au Roi.

HULIN

Au Roi ? Tu écris au Roi, toi ?

HOCHE

Pourquoi n'écrirais-je pas au Roi ? Il a des yeux
pour lire, j'imagine, et une raison pour comprendre.

Il est fils d'Adam comme moi. Si je puis lui donner
un bon conseil, pourquoi me serait-il défendu de le
lui donner, et à lui de le suivre?

HULIN, gouailleur

Et qu'est-ce que tu lui dis, au Roi?

HOCHE

Voilà: je lui dis de renvoyer ses troupes, de venir
à Paris, seul, et de faire lui-même la Révolution.

Hulin rit bruyamment.

HOCHE, souriant

Je te remercie de ton avis; tes raisons sont
excellentes, et même communicatives; mais ce
n'est pas ton avis que je te demande.

HULIN

Que veux-tu donc?

HOCHE, embarrassé

C'est pour le style, vois-tu. L'orthographe... Je
n'en suis pas très sûr. Alors...

HULIN

Si tu crois qu'il va te lire!

HOCHE

N'importe.

HULIN

C'est bon, je t'arrangerai cela.

53   III.

Ah ! Hulin, que tu es heureux d'avoir eu de l'instruction ! Moi, j'ai beau travailler maintenant, je ne regagnerai jamais les années perdues.

HULIN

Naïf ! — Et tu comptes sur cette lettre ?

HOCHE, de bonne humeur

A dire vrai, je n'y compte pas beaucoup. — Et pourtant, il serait si facile, à tous ces animaux qui gouvernent l'Europe, d'être grands à bon marché, simplement en appliquant à leur gouvernement la raison, le sens commun, la morale ordinaires ! Tant pis pour eux ! S'ils ne le font pas, on le fera sans eux.

HULIN

Au lieu de songer à réformer le monde, tu ferais mieux de chercher les moyens de te tirer d'affaire. Tu vas être dénoncé, tu l'es déjà sans doute. Sais-tu ce qui t'attend, à ta rentrée à la caserne ?

HOCHE

Oui; mais sais-tu ce qui attend la caserne, à ma rentrée ?

HULIN

Quoi ?

HOCHE

Tu verras.

HULIN

Que médites-tu encore? Tiens toi tranquille un
peu. Tu trouves qu'il n'y a pas assez de désordre
déjà ?

HOCHE

Quand l'ordre est l'injustice, le désordre est déjà
un commencement de justice.

HULIN

La justice ! La justice est de ne pas demander aux
choses ce qu'elles ne peuvent pas donner. On ne
refait pas le monde, il n'y a donc qu'à l'accepter.
Pourquoi vouloir l'impossible ?

HOCHE

Mon pauvre Hulin, sais-tu seulement tout ce qui
est possible ?

HULIN

Que veux-tu dire ?

HOCHE

Que ce peuple fasse seulement ce qu'il peut faire,
et tu verras si l'on ne refait pas le monde.

HULIN

Si tu aimes à te duper, je n'ai rien à dire, garde
tes illusions.

Arrache-les sans crainte, ne cherche pas à me ménager. Je déteste le mensonge avec soi-même, l'idéalisme poltron, qui se met un bandeau sur les yeux pour ne pas voir le mal. Je le regarde, et il ne me trouble pas. Je connais aussi bien que toi cette pauvre foule si peu sûre, qui croit ce qu'on lui dit, qui est la proie de ses passions, qui s'épouvante d'une ombre, qui oublie sa propre cause, et trahit ses amis.

HULIN

Eh bien?

HOCHE

La flamme aussi est capricieuse, et tremble; un souffle la tord, la fumée l'enveloppe. Elle brûle cependant, et monte vers le ciel.

HULIN

Comparaison n'est pas raison. Regarde-moi ce ramassis de désœuvrés, de bavards, ce petit avocat brouillon, cette grande fille qui n'aime que crier, ces vieux enfants fanfarons et peureux!... Croire au peuple! la bonne duperie! — Ne compte pas sur les autres : voilà ma règle dans la vie. Rends-leur service toutes les fois que tu peux, mais n'attends rien d'eux. — J'ai une bonne tête et de bons poings. Voilà en quoi je crois : en moi.

56

HOCHE

Tu es un solide compagnon ; mais il y a plus de
force, plus de bon sens, plus même de sens moral
dans cette masse obscure que dans un d'entre nous.
Nous ne sommes rien sans le peuple. N'as-tu jamais
senti son bouillonnement en toi ? D'où me vient ce
besoin de justice, ces aspirations au bonheur du
monde, cette émotion qui m'étreignait, enfant, et
que je ne comprenais pas, quand nous arrivaient
les nouvelles de l'Amérique soulevée contre la
barbarie anglaise, l'ivresse qui me montait à la
tête, il y a quinze jours, lorsque nos députés fai-
saient le serment héroïque de ne se séparer point,
qu'ils n'eussent fait le monde libre ?

HULIN

De toi, parbleu.

HOCHE

Tu ne comprends pas. C'était une force qui
dépassait mille fois la mienne, qui faisait éclater
ma poitrine. Elle ne venait pas de moi. Elle souf-
flait en moi. Et je l'ai sentie aussi chez d'autres
humbles gens, des ouvriers, des soldats comme
moi. Tu n'es pas de ce peuple, tu ne sais pas lire en
lui. Lui-même ne sait pas bien. La misère, l'ignorance, la faim, les soucis contre qui il se débat, ne
lui laissent pas le temps ni la force de se connaître.

Il voit ; mais il croit qu'il rêve, et ses yeux las ne peuvent fixer ce qu'il voit. Il sent gronder sa force ; mais il en doute, elle lui fait peur. Que ne pourrait-il, s'il savait ? Que ne fera-t-il, quand il saura ?

HULIN

Et quelle pensée commune peut mener ce chaos ?

HOCHE

La Nécessité. Un moment vient où toutes les forces tendues aboutissent à l'action. Un geste suffit alors pour précipiter les mondes.

HULIN, lui frappe sur l'épaule

Tu es un ambitieux. Tu rêves de dominer le peuple.

HOCHE

Stupide colosse ! Voilà une belle ambition ! Tu me crois l'âme d'un caporal ? Il regarde son uniforme.

HULIN

Tu fais le dégoûté ? Qu'as-tu donc ? Tu as l'air tout joyeux aujourd'hui. Es-tu promu sergent ?

HOCHE, hausse les épaules

Il y a de la joie dans l'air.

HULIN

Tu n'es pas difficile. La famine. Le massacre imminent. Ton peuple sur le point d'être écrasé

par la force brutale... Toi-même, que vas-tu faire ?
Tu es l'esclave de tes chefs. Il te faudra marcher
contre ce que tu aimes, ou te faire tuer avec lui.

HOCHE, sourit

C'est bien.

HULIN

Tu trouves cela bien ? Le tonnerre suspendu ;
tout prêt à s'écrouler ?...

HOCHE, rit, puis :

Oui.

HULIN, le regarde

Tu crois à ton étoile ?

HOCHE, secoue la tête en riant

Mon étoile ? non, Hulin, je n'y crois pas. Les
étoiles, cela est fait pour les fainéants, les aristocrates. (1) Les pauvres garçons comme moi n'en ont
pas. — Ne sais-tu pas comment j'ai vécu jusqu'ici ?
J'ai eu la souffrance pour marraine. Orphelin en
naissant, je n'ai jamais vu ma mère. Sans ma vieille
tante, la marchande de légumes, j'eusse été élevé
dans quelque hospice hypocrite, ou livré à mes
mauvais instincts. Grâce à elle, j'ai connu la misère
laborieuse qui trempe l'âme. Grâce à elle, j'ai connu

---

(1) *Le récit qui suit est presque entièrement coupé pour la représentation.*

les énergies d'acier, et les vertus silencieuses de ce peuple, que tu dédaignes de la table d'un café. — Brave vieille, écrasée de fatigue, et n'ayant pas, après toute une vie de travail, son pain assuré pour plus d'une demi-semaine, condamnée jusqu'au dernier jour à pousser sa petite voiture, par le vent ou la neige, avec ses doigts goutteux, et le sifflement de sa poitrine asthmatique, qui l'obligeait à s'arrêter constamment pour souffler, — et sa bonne figure rouge et riante, — car avec tout cela elle était gaie, Hulin. Tu penses si j'ai eu hâte de trouver un emploi qui la déchargeât de moi ! Je commençai ma carrière comme palefrenier. Je deviendrais général, que je n'aurais pas autant de joie que le jour où j'ai pu gagner mon pain pour la première fois. Bah ! Ce n'a pas été la plus mauvaise période de ma vie. Encore aujourd'hui, je ne pense pas à ma vieille écurie, sans reconnaissance. J'y ai vécu de fameuses heures. C'est là que j'ai lu Rousseau. J'avais ramassé dans le ruisseau un volume dépareillé, des feuilles arrachées d'un volume, sales et déchirées (je ne m'en séparerai jamais). — Un dimanche, — mes camarades étaient sortis, — seul, couché sur la paille, aux pieds des chevaux, je lus, — non, ce n'est pas lire, — j'entendis cette voix d'un demi-dieu. Tout disparut. Par dessus Versailles, le souffle de la Nature me frappa au visage. Par delà ces maîtres, l'homme m'apparut. Et au dedans de

moi-même, dans ma misère et ma solitude, je vis
ma conscience divine, ma grandeur éternelle. Je
m'arrêtai, je ne pouvais plus lire ; j'entendais les
coups de mon sang, accourant de tout mon être et
assaillant mon cœur, à l'appel de cette musique
héroïque. Un fleuve coulait à travers mon corps. Je
me levai, riant et pleurant à la fois. Je criais,
j'étreignais l'air avec mes bras, j'embrassai mes
chevaux ; j'aurais embrassé le monde. — Quand je
pense, Hulin, que cet homme qui nous apporta tant
de joie, a vécu malheureux, pauvre, errant, persé-
cuté, trahi par ses amis, bafoué par la sotte ironie,
aigri par le chagrin, et se croyant haï et rejeté par
tous les hommes... je me sens presque honteux,
comme si j'étais responsable de cette honte... Ah !
que n'ai-je été là, pour le défendre contre cette
canaille ! — Vois-tu, c'est en souvenir de lui, que j'ai
de la sympathie pour ce pauvre Marat, malgré ses
violences et ses égarements. Il souffre comme lui,
comme tous ceux qui aiment trop l'ingrate espèce
humaine. — Moi-même, je ne suis pas toujours aussi
calme que j'en ai l'air ; et quand je ris, c'est parfois
au moment où j'étrangle la colère et les doutes qui
grognent en moi. Enfermé depuis cinq ans dans le
triste métier, où m'a fait tomber l'infâme supercherie
des sergents recruteurs, je le fais de mon mieux,
parce que, où qu'on soit, il y a du bien à faire, et
les moyens de se faire grand. Mais tu peux croire

que ce n'est pas d'un cœur impassible que je subis
les hontes de cette vie, et l'odieux arbitraire, auquel
je suis livré. — Que veux-tu ? Après tout ce que j'ai
vu, on finit par se cuirasser contre le mal. En ce
moment, je sors à peine du cachot où m'a fait jeter
la calomnie d'un dénonciateur. J'y suis resté trois
mois, oublié dans la plus horrible misère, pourris-
sant sur l'ordure. J'y serais mort, si j'étais capable
de mourir ; car la Nature prévoyante a cimenté mon
corps, de façon à résister aux boulets de la Destinée.
— Voici cinq ans que je peine ; je suis encore
caporal, et je n'ai aucun espoir de sortir de cette
impasse ; car on nous défend jusqu'à la pensée de
nous élever un jour.—Voilà mon étoile, Hulin. Non,
la vie m'est dure ; et elle me le sera toujours, je le
sens bien. Je ne suis pas de ceux qui naissent avec
la chance. N'importe. Je ne mets pas ma confiance
dans les étoiles filantes. Tout mon recours est en
moi. Cela suffit. Le mal peut se déchaîner sur moi
et autour de moi ; les victoires de l'injustice, les
crimes de la force et de la richesse, les folies dont
la superstition abêtit l'esprit humain, ne me trou-
bleront pas, car la lumière est là, — Il montre sa poitrine,
et dans le cœur de mes frères, malheureux comme
moi. Rien ne l'éteindra ; elle fermente à travers la
matière informe, elle organise le chaos. Elle con-
quiert le monde, et ne se hâte point, ayant l'éternité.
Je ne suis pas impatient. La victoire vient. —

Regarde les nuages. Tu as peur de l'orage ? C'est
au milieu des tempêtes, qu'éclate le feu du ciel.
Gronde donc, tonnerre ! Brûle la nuit, Vérité !

HULIN

Je ne crains pas l'orage. Tout ce que je t'ai dit,
camarade, ne me rend pas plus timide. Je ne tiens
pas au succès, et je n'ai pas peur pour ma peau.
Mais je n'y vois goutte. Si tu as de meilleurs yeux,
montre-moi le chemin. Partout où il y aura des
coups de poing à donner, tu peux être sûr que je les
donnerai juste et bien. Conduis-moi. Que faut-il
faire ?

HOCHE

Point de plan d'avance. Surveille l'événement ; et
quand il sera là, empoigne sa crinière, et monte sur
son dos. — En attendant, faire ce qu'on fait. —
Vendons nos gilets.

> La foule fait de nouveau irruption sur le théâtre, en s'an-
> nonçant par des rires et des cris. Un gamin de cinq à six
> ans est porté sur les épaules d'un grand diable de croche-
> teur. La Contat, Desmoulins, et la foule, les suivent en
> riant.

L'ENFANT, criant d'une voix aiguë

A bas les aristos, aristocrocs, aristocrânes, aristo-
cruches, les aristocrossés !

HULIN

A quoi jouent-ils maintenant ? — Ah ! c'est leur
grand passe-temps. Ils jugent les aristocrates.

63

Attention, la voix du Peuple ! A quoi condamnons-nous... Holà ! monsieur ! est-ce que tu ne m'entends pas, Léonidas ?... A quoi condamnons-nous d'Artois ?

Au carcan !

Et la Polignac ?

A la fessée !

Et Condé ?

A la potence !

Et la Reine ?

Au bordel !

> La foule éclate de rire et acclame le petit, qui répète plus fort, de sa voix perçante, — tout gonflé de son succès. Le crocheteur continue son chemin avec lui.

Ah ! le mignon ! Il est à croquer !

Croquons le marmot! Bravo, la terreur des aristos ! — Messieurs, le jeune Léonidas a oublié un de nos amis, M. de Vintimille, marquis de Castelnau.

HULIN, à Hoche

Écoute, c'est de mon patron qu'on parle.

DESMOULINS

Nous lui devons bien quelque chose. Le maréchal vient de le nommer à la garde de la Bastille, avec M. de Launey; et il s'est engagé à ce qu'en moins de deux jours, nous allions demander grâce, pieds nus et la corde au cou. Je propose que l'un de nous fasse don de sa corde à cet ami du peuple.

LA FOULE

Qu'on le brûle ! — Il habite près d'ici. — Qu'on brûle sa maison, ses meubles, sa femme, ses enfants !

VINTIMILLE, paraissant au milieu de la foule, froid et ironique

Messieurs...

LA CONTAT

Ah ! mon Dieu !

HULIN

Hoche ! — Il saisit Hoche par le bras.

HOCHE

Qu'est-ce que tu as ?

C'est lui.

Qui ?

Vintimille.

Vintimille ?

Hulin fait signe que oui.

Messieurs, le tapissier de M. de Vintimille demande la parole.

La parole au tapissier !

Messieurs, vous avez bien raison de vouloir brûler ce méchant aristocrate, qui se rit de vous, qui méprise le peuple, et qui va répétant qu'il faut fouailler les chiens, quand ils montrent les dents. Brûlez, messieurs, brûlez, ne lui faites grâce de rien. Mais, s'il vous plaît, que les éclats d'une fureur si juste n'aillent point se retourner contre vous-mêmes, et prenez garde de confondre dans une même destruction votre bien et le sien. Et tout d'abord, messieurs, est-il juste de ruiner à la fois M. de Vintimille et ceux qui le ruinent, j'entends

ses créanciers. Permettez que je demande grâce, au
moins pour les meubles qui sont à moi, et dont ce
fesse-mathieu ne m'a jamais rien payé.

LA FOULE

Oui, oui, reprends tes meubles !

VINTIMILLE

Le succès de ma requête m'encourage, messieurs,
à vous en présenter une seconde pour l'architecte
de l'hôtel. Pas plus que moi, il n'a réussi à voir la
couleur des écus de M. de Vintimille ; et il vous prie
de considérer que vous lui feriez un dommage très
sensible, en brûlant un immeuble qui est le gage de
sa créance.

LA FOULE

Passe encore pour l'hôtel.

VINTIMILLE

Quant à sa femme, messieurs, — pourquoi brûler
ce qui vous appartient ? Sa femme est au public.
Le roi, la cour, la ville, le clergé, la roture, ont
souvent apprécié ses grandes qualités. Esprit libé-
ral et vraiment philosophique, elle ne reconnaît
point de privilèges ; les trois ordres sont égaux
devant elle ; elle réalise en elle l'union de la nation.
Honorons une vertu si rare. Messieurs, grâce pour
Madame.

67

DESMOULINS

Grâce pour Notre Dame !

LA FOULE, riant

Oui, oui, grâce pour la femme !

VINTIMILLE

Enfin... Messieurs, j'abuse...

LA FOULE

Non ! non !...

VINTIMILLE

Enfin, ne frémiriez-vous point, messieurs, en livrant au bûcher les enfants de M. de Vintimille, de faire concurrence à nos tragédiens ordinaires, et d'être infanticides sans le savoir ?

LA FOULE, se tord de rire

Ha ! Ha ! Vivent les bâtards !

VINTIMILLE, changeant de ton à la fin de son discours

Quant à lui, messieurs, pendez-le, taillez-le, brûlez-le; --- et je vous y engage même ; car si vous ne le brûlez point, c'est lui qui vous brûlera.

Il descend de sa chaise, et disparaît dans la foule, qui rit, crie, et l'acclame.

LA CONTAT, va rapidement à Vintimille

Partez vite ! Ils peuvent vous reconnaître.

VINTIMILLE

Tiens, Contat, vous étiez là ? Que faites-vous en si sale compagnie ?

LA CONTAT

Il ne faut pas se moquer des chiens, qu'on ne soit hors du village.

VINTIMILLE

Peuh ! tout chien qui aboie ne mord pas... Venez.

LA CONTAT

Pas maintenant, plus tard.

VINTIMILLE

Rendez-vous à la Bastille.

LA CONTAT

A la Bastille, soit.

      Il sort.

HOCHE

Et c'est bien lui, vraiment ? Tu es sûr ?

HULIN

Parbleu !

HOCHE

La canaille ! quelle effronterie !

HULIN

Un mélange de courage et d'ignominie.

HOCHE

Cela se voit souvent chez nos chefs.

HULIN

Celui-là a fait sa fortune en épousant une des catins de l'ancien roi ; et le même homme fit des prouesses à Crefeld et à Rosbach.

HOCHE

Nous le retrouverons bientôt.

UNE VIEILLE MARCHANDE

Mes enfants, qu'est-ce que vous avez donc toujours à parler de brûler, et de pendre, et de tout saccager ? A quoi cela vous avancera-t-il ? Je sais bien que vous n'en ferez rien. Mais alors, pourquoi le dire ? Croyez-vous que cela rendra votre soupe meilleure, d'y faire cuire quelques aristocrates ? Ils s'en iront avec leur argent, et nous serons encore plus malheureux que devant. — Voyez-vous, il faut accepter les choses comme elles sont, et ne pas croire aux menteurs qui prétendent qu'on peut les changer avec des cris. Voulez-vous que je vous dise ? Nous perdons notre temps ici. Il ne se passera rien. Il ne peut rien se passer. On vous

menace de la famine, de la guerre, de toute l'Apoca-
lypse. Tout cela, ce sont des inventions de journaux
qui n'ont rien à dire, d'agents provocateurs. Il y a
un malentendu avec le roi. Mais cela s'arrangera,
si nous allons chacun tranquillement à notre besogne. Nous avons un bon roi ; il nous a promis de
nous garder notre bon monsieur Necker, qui nous
donnera une bonne Constitution. Pourquoi ne pas
y croire ? Est-ce que ce n'est pas le bon sens
même ? Pourquoi voulez-vous que ce ne soit pas le
bon sens qui ait raison ? Moi, j'y crois ; j'ai été aussi
badaude que vous ; j'ai perdu quatre heures ici ; je
m'en vas vendre mes navets.

LA FOULE, murmure approbatif

Elle a raison. — Tu as raison, la mère. Allons-
nous-en chez nous.

HULIN

Que dis-tu de cela ?

HOCHE, souriant

Elle me rappelle ma vieille tante. Elle parlait
toujours de patience, au moment où elle allait me
calotter.

HULIN

Ce qu'elle dit me semble fort raisonnable.

71

Je ne demanderais pas mieux que d'y croire ; je trouve si naturel que la raison l'emporte, que, si je m'écoutais, je m'en remettrais à mes ennemis mêmes de la faire triompher. Mais j'ai été trop de fois désabusé par l'expérience ; j'ouvre les yeux, et je vois Gonchon et ses commis, qui s'empressent à fermer leurs boutiques. Ils ne font rien sans motif. J'ai grand peur que ce brusque apaisement ne soit que l'accalmie qui précède les orages, et les crises des malades. Personne n'y croit au fond. Ils sont tous restés, même la vieille. Ils essaient de se faire illusion ; mais ils ne peuvent pas. Ils ont la fièvre. Écoute ce bruit de foule. Elle ne crie plus, elle chuchote... Un frémissement d'arbre... Le petit vent avant la pluie... — Il saisit la main de Hulin. Et tiens !... Attention ! Hulin... Voici ! Voici !...

> Une grande clameur confuse monte du fond du jardin, et accourt avec une rapidité et un éclat de tonnerre. Tous se lèvent et regardent.

UN HOMME, hors d'haleine, sans chapeau, les vêtements en désordre, se précipite sur la scène, en criant d'une voix terrifiée

Necker est exilé !

LA FOULE, saisie, se ruant sur l'homme

Quoi ? quoi ?... Necker !... Ce n'est pas vrai !

L'HOMME, criant

Necker est banni ! — Il est parti, parti !

A mort! — C'est un agent de Versailles! A
mort!

Que faites-vous? — Mais vous n'avez pas compris! — Je vous dis que Necker...

Au bassin, le mouchard! Noyez-le!

A moi!

Sauvons-le, Hulin!

Il faudrait en assommer vingt, pour en sauver
un.

  Ils tâchent en vain de se frayer un passage à travers la foule,
  qui crie, et emporte le malheureux. — Robespierre surgit sur
  une table, et fait signe qu'il veut parler. — Hoche, Hulin,
  Desmoulins et quelques autres le remarquent.

Ce petit homme étriqué, qui essaie de parler...

C'est Robespierre, le député d'Arras.

Crie, Hulin! fais-les taire!

Écoutez ! Écoutez le citoyen Robespierre !

Robespierre tremble d'abord ; on ne l'entend pas au milieu du bruit ; on crie : plus haut !

DESMOULINS

Parle, Robespierre.

HULIN

N'ayez pas peur.

Robespierre le regarde avec un sourire timide et méprisant.

DESMOULINS

Il n'est pas habitué à parler.

HOCHE

Faites silence, camarades !

ROBESPIERRE, se contraint au calme

Citoyens, je suis député du Tiers. Je viens de Versailles. Cet homme dit vrai. Necker est renvoyé. Le pouvoir est aux mains des ennemis de la nation. De Broglie, Breteuil, Foulon : le Carnage, le Vol, la Famine, sont ministres aujourd'hui. C'est la guerre. Je viens m'enfermer avec vous, pour partager votre sort.

LE PEUPLE, épouvanté

Nous sommes perdus !

Que faut-il faire ?

ROBESPIERRE

Sachons mourir.

HOCHE, haussant les épaules

Avocat !

HULIN

Parlez-leur, citoyen député.

ROBESPIERRE

A quoi bon les discours ? Que chacun interroge sa conscience.

HOCHE

Ils s'affolent. Si on ne les fait pas agir sur le champ, ils sont perdus.

Robespierre sort de sa poche des feuilles manuscrites, et des épreuves d'imprimerie.

HULIN

Que va-t-il lire ? — Laissez donc vos écritures ! — Comme si le moindre mot généreux n'avait pas mille fois plus de pouvoir que toutes vos pape-rasses !

ROBESPIERRE, indifférent à ce que dit Hulin, déplie les papiers, et lit de sa voix froide, faible, et tranchante :

« Déclaration des Droits ».

HOCHE

Écoutez !

ROBESPIERRE

« Déclaration des Droits, proposée dans la séance
d'hier, samedi, onze juillet, à l'Assemblée nationale :

« L'Assemblée Nationale proclame à la face de
l'Univers, et sous les yeux de l'Être Suprême, les
droits suivants de l'homme et du citoyen :

« La Nature a fait les hommes libres et égaux...

Tonnerre d'applaudissements qui couvre la fin de la phrase.

« Tout homme naît avec des droits inaliénables
« et imprescriptibles : la liberté de ses pensées, le
« soin de son honneur et de sa vie, l'entière pro-
« priété de sa personne, la recherche du bonheur,
« et la résistance à l'oppression. »

Les acclamations redoublent.

HOCHE, tirant son sabre

La résistance à l'oppression !

On l'imite ; en un instant, la foule se hérisse d'armes.

ROBESPIERRE

« Il y a oppression contre le corps social, lors-
« qu'un seul de ses membres est opprimé. — Il y a
« oppression contre chaque membre, lorsque le
« corps social est opprimé. »

76

Est-ce qu'ils vont continuer longtemps ? — Il faut
les éloigner d'ici. Si l'armée vient, qu'ils aillent se
faire tuer ailleurs. — Il parle bas à ses gens.

ROBESPIERRE

« La nation est souveraine... »

On entend une voix crier. — La foule frémit et écoute
distraitement.

HOCHE

Le coup de barre, Hulin ! Voici la tempête !

UNE VOIX, terrifiée, criant

Ils viennent ! ils viennent ! la cavalerie !

UN DES GENS DE GONCHON, d'une voix aiguë

Sauve qui peut !

Un instant de bousculade et de cris.

HULIN, sautant sur l'homme qui crie, et lui assénant sur la tête
un coup de poing qui le fait taire, suffoqué

Mille Dieux ! — Continuez !

Robespierre essaie de continuer ; mais sa voix s'étrangle, et
se perd, au milieu du tumulte de la foule.

Hoche s'élance sur la table à côté de Robespierre, qu'il
domine de sa haute taille, lui arrache le papier, et lit,
d'une voix ardente et triomphante, dont les accents remuent
aussitôt la foule.

« La nation est souveraine, le gouvernement est
« son ouvrage...

« Quand le gouvernement viole les droits de la
« nation, l'insurrection de la nation est le plus saint
« des devoirs...

« Ceux qui font la guerre à un peuple pour arrê-
« ter les progrès de la liberté, doivent être poursui-
« vis par tous, non comme des ennemis ordinaires,
« mais comme des esclaves révoltés contre le Sou-
« verain de la terre, qui est le Genre Humain. »

Au milieu des acclamations, Desmoulins, les cheveux au
vent, les yeux exaltés, monte sur la table d'où descend
Hoche.

DESMOULINS

Liberté ! Liberté ! — Elle plane au-dessus de nos
têtes. Elle m'emporte dans sa tempête sacrée. A la
victoire ! Marchons dans le vent de ses ailes ! Le
temps de la servitude passe, — il est passé. Debout !
Retournons la foudre contre les misérables qui l'ont
armée ! — Au Roi ! La foule crie : Au Roi ! — Regardez-
moi, espions, qui êtes ici cachés ! C'est moi, Camille
Desmoulins, qui appelle Paris à la révolte ! Je ne
crains rien : quoi qu'il arrive on ne me prendra pas
vivant. Il montre un pistolet qu'il a sorti de sa poitrine. Le
seul malheur serait de voir la France redevenir
esclave. Nous ne le verrons point. Elle sera libre
avec nous, ou mourra avec nous. Oui, comme

Virginius, nous la poignarderons de nos mains,
plutôt que de la laisser violer par les tyrans. —
Frères, nous serons libres ! Nous sommes libres
déjà ! Aux Bastilles de pierre opposons la muraille
de nos poitrines, forteresse inexpugnable de la
Liberté ! — Regardez ! Le ciel s'ouvre, les dieux
sont pour nous. Le soleil déchire les nuées. Un
frisson de joie remue les feuilles des marronniers.
O feuilles, qui frémissez de la fièvre d'un peuple qui
s'éveille à la vie, soyez nos couleurs, notre signe
de ralliement, notre promesse de victoire, feuilles,
couleur d'espérance, couleur de la mer, couleur de
la Nature jeune et libre ! — Il arrache une petite branche.
In hoc signo vinces ! Liberté ! Liberté !

LE PEUPLE

Liberté !

Ils se pressent autour de Desmoulins, l'étreignent et l'embrassent

LA CONTAT, parant ses cheveux avec les feuilles d'arbre

O jeune Liberté ! verdoie dans mes cheveux et
fleuris dans mon cœur ! — Elle jette à poignées les feuilles
autour d'elle. Amis, fleurissez-vous de la cocarde de
l'été !

Le peuple arrache les feuilles et les branches et dépouille
les arbres.

LA VIEILLE MARCHANDE

Au roi ! il l'a bien dit ! Il faut aller au roi ! — A
Versailles, mes enfants !

79

Les voilà plus enragées que les autres !

HOCHE

Nous aurons du mal à les arrêter maintenant.

LE PEUPLE

Au Champ de Mars ! — Au devant des Versaillais !
Nous allons leur montrer de quel bois on se chauffe !
— Misérables ! ils pensaient étouffer en silence le
peuple de Paris !

LA VIEILLE

J'aurai leur poil. Je leur ferai la barbe, à ces brigands d'Allemands !

DESMOULINS

Ils ont banni notre Necker. — Et nous, nous les
bannissons ! Nous voulons que Necker reste. Et
nous allons montrer au monde notre volonté.

LE PEUPLE

Une procession en l'honneur de Necker ! —
Son portrait est ici, chez Curtius, dans le cabinet
des figures de cire. — Promenons-le en triomphe !
— Le magasin est fermé ! — Enfonçons la boutique !

GONCHON, à ses gens

Attention ! Profitons de l'occasion !

Monsieur Gonchon! Ils dévalisent tout!

GONCHON

Laisse-les faire, fais comme eux.

LE MARCHAND

Mais ils vont entrer chez nous!

GONCHON

Contre le tonnerre ne pète!

> Il entre dans la boutique à la suite du peuple, et crie comme les autres. Le reste de la foule court de tous côtés; et en quelques moments, on voit surgir partout des bâtons, des épées, des pistolets, des haches.

LE PEUPLE

Du recueillement, camarades! point de désordre!

— Holà, gamin! à l'école! On n'est pas ici pour rire!

— Il faut que ce soit solennel, lugubre! Il faut apprendre aux tyrans la terreur sacrée de la nation.

> Le buste de Necker sort de la boutique, porté triomphalement par le crocheteur athlétique, qui le serre avec ses deux bras contre sa poitrine. La foule se presse autour de lui.

LE PEUPLE

Chapeaux bas! Voici notre défenseur, notre père!

— Couvrez-le de crêpe! La Patrie est en deuil!

> Gonchon et ses gens sortent de la boutique, portant derrière les autres le buste du duc d'Orléans, et affectant hypocritement les attitudes recueillies et exaltées des autres. Le peuple n'y prend pas garde.

HULIN

Qu'est-ce que c'est que ça?

HOCHE

C'est le patron de notre ami Gonchon, le citoyen
d'Orléans.

HULIN

Je m'en vais lui casser la tête, ainsi qu'à ceux qui
le portent.

HOCHE, souriant

Non, non, laisse-le. Il faut toujours laisser se
compromettre les gens.

HULIN

Tu ne le connais donc pas?

HOCHE

Un Orléans? Qui en connaît un, les connaît tous.
Un gamin vicieux, qui s'accroche aux jupes de la
Liberté, et tâche de fourrer sa main dessous. Il veut
se faire gifler. Il le sera. Laisse-le faire.

HULIN

Mais s'il veut escamoter la Liberté?

— Cet avorton ? Qu'il prenne garde seulement qu'elle
ne lui escamote la tête !

> Gonchon et ses gens couvrent d'un crêpe le buste de d'Orléans,
> à l'imitation des porteurs de Necker. Un cortège s'organise
> avec un ordre bizarre et solennel. Silence imposant. —
> Tout à coup, la vieille marchande arrive en battant du
> tambour. Une clameur formidable s'élève.

LE PEUPLE

En avant !

> Le cortège s'ébranle. D'abord, la vieille au tambour. Puis
> le buste de Necker, que le crocheteur a posé sur sa tête.
> Il est entouré d'hommes du peuple avec des bâtons et des
> haches, — de jeunes élégants vêtus de soie rayée, avec des
> montres et des bijoux, et armés de gourdins ou d'épées, —
> de garde française, le sabre nu, — de femmes, au premier
> rang desquelles vient la Contat, au bras de Desmoulins. —
> Puis, Gonchon, portant solennellement le buste du duc
> d'Orléans, entouré des marchands du Palais-Royal. — Puis
> la Foule. — Grand silence bourdonnant et solennel, d'où
> s'élèvent, de distance en distance, des acclamations qui
> parcourent tout le cortège en même temps, comme des
> frissons, et se taisent en même temps.

HOCHE, montrant le peuple à Hulin

Eh bien, Hulin, es-tu convaincu maintenant ?

HULIN

C'est absurde... Cette foule en désordre, qui va
attaquer une armée... Ils vont se faire massacrer.
Cela ne rime à rien. — Il suit la foule.

HOCHE

Où vas-tu ?

HULIN

Avec eux, naturellement.

HOCHE

Vieux camarade, ton instinct est meilleur que ta tête.

HULIN

Voyons, tu comprends cela, toi ? Tu sais où va ce peuple d'aveugles ?

HOCHE

Ne t'inquiète pas de comprendre. Il sait, il voit pour toi.

HULIN

Qui ?

HOCHE

L'Aveugle.

ACTE II

La nuit du lundi 13 au mardi 14 juillet. — Deux à trois heures du matin.

Une rue de Paris, au faubourg Saint-Antoine. — Au fond se dresse, au-dessus des maisons, la masse énorme et noire de la Bastille, dont les tours, que la nuit enveloppe, surgissent peu à peu sur le ciel, à mesure que l'aube approche. — A gauche, au premier plan, on voit l'intérieur d'une salle basse de plafond, et mal éclairée, sorte de café pauvre, où se rassemblent les patriotes. (1) — Au fond, et à un tournant de la rue, la maison de Lucile. Un volubilis s'enroule à l'appui du balcon, et grimpe le long du mur. — Point de réverbères. La rue est éclairée par des chandelles, placées au rebord des fenêtres. — On entend au loin sonner l'enclume des forges et les marteaux, parfois le tocsin des cloches d'églises, ou des coups de feu très éloignés. — Des gens du peuple et des bourgeois travaillent à une barricade de tonneaux, de bois et de pierres, au détour de la rue, sous la fenêtre de Lucile.

UN MAÇON

Encore quelques pierres.

UN OUVRIER, chargé de son lit

Tiens, mets cela. C'est mon lit.

---

(1) Cette disposition est supprimée à la représentation, où la scène des députés et des bourgeois (Robespierre, Desmoulins, Cloots, Fauchet, Hulin) est remplacée par la scène de l'homme du peuple en faction. — *Voir les* Variantes, *à la fin de la pièce.*

LE MAÇON

Tu vas dormir ici ?

L'OUVRIER

Tout à l'heure, avec une balle dans le corps.

LE MAÇON

Tu es gai.

L'OUVRIER

Si les brigands passent, nous n'avons plus besoin de rien. Nos lits sont faits ailleurs.

UN MENUISIER

Aide-moi à tendre cette corde.

UN APPRENTI

Pour quoi faire ?

LE MENUISIER

Pour faire tomber les chevaux.

UN OUVRIER TYPOGRAPHE

Camuset, eh !

UN AUTRE

Quoi ?

LE TYPOGRAPHE

Écoute.

86

L'AUTRE

Quoi ?

LE TYPOGRAPHE

Tu n'entends pas ?

L'AUTRE

J'entends les enclumes qui tintent. Dans toutes les forges, on fabrique des piques.

LE TYPOGRAPHE

Non, ce n'est pas cela. — Par là...— Il montre la terre.

L'AUTRE

Par là ?

LE TYPOGRAPHE

Oui. Sous terre. — Il se couche, l'oreille contre le sol.

L'AUTRE

Tu rêves.

L'OUVRIER, couché par terre

On dirait un bruit de mine.

L'AUTRE

Sacrebleu ! ils vont nous faire sauter !

LE MENUISIER, incrédule

Allons donc !

87

L'OUVRIER, couché

Ils ont caché là-dessous des milliers de tonneaux
de poudre.

L'AUTRE OUVRIER

C'est pour cela qu'on n'en trouve plus nulle
part.

LE MENUISIER

Crois-tu qu'une armée se promène sous terre,
aussi aisément qu'une bande de rats?

L'OUVRIER, couché

Tiens, parbleu! ils ont des souterrains qui vont
de la Bastille à Vincennes.

LE MENUISIER

Tout ça, ce sont des contes de peau d'ânon.

L'AUTRE OUVRIER, s'est aussi mis à quatre pattes pour écouter

Le bruit s'éloigne.

LE PREMIER OUVRIER, se relevant

Je vas toujours voir dans la cave. Viens-tu avec
moi, Camuset?

Ils entrent tous deux dans une maison.

LE MENUISIER, riant

Dans la cave? Ah! la, la! — Ils cherchent un prétexte pour s'huiler le gosier. Nous, finissons notre
travail.

LE MAÇON, jetant un regard derrière lui, en travaillant

Ah! bon Dieu!

LE MENUISIER

Qu'est-ce que tu as?

LE MAÇON, montrant la Bastille

J'ai ça, ça, qui me pèse sur le dos. Toutes les fois
que je me retourne et que je la vois, cette Bastille,
cela me serre à la gorge.

LE MENUISIER

Bon. L'un regarde sous terre, l'autre regarde en
l'air. Ne te retourne pas, et travaille.

LE MAÇON

J'ai beau faire. Je la sens là. C'est comme si quelqu'un se tenait derrière moi, le poing levé sur ma
tête, prêt à m'assommer. — Bon Dieu!

UN VIEUX BOURGEOIS

Il a raison : nous sommes guettés par ses canons.
A quoi sert ce que nous faisons? D'un revers de
main, elle abattrait tout cela comme un château de
cartes.

LE MENUISIER

Mais non, mais non.

LE MAÇON, montrant le poing à la Bastille

Coquine! — Ah! quand est-ce qu'on en sera débarrassé!

LE MENUISIER

Bientôt.

PLUSIEURS

Tu crois? — Comment?

LE MENUISIER

Je ne sais pas, moi. Mais cela sera. Courage! Allons! Il n'y a si longue nuit, qui n'aboutisse au jour. — Ils travaillent.

L'APPRENTI

En attendant, on n'y voit guère.

LE MENUISIER, criant aux fenêtres

Eh! là-haut! — Eh! les femmes! Soignez vos lampions! Nous avons besoin d'y voir, cette nuit.

UNE FEMME, à une fenêtre, rallumant des chandelles

Eh bien, cela avance-t-il?

LE MENUISIER

Il y en a plus d'un qui y laissera sa carcasse, avant qu'ils passent.

LA FEMME

Viennent-ils bientôt?

LE MENUISIER

On dit que Grenelle est en sang. On entend tirer du côté de Vaugirard.

LE VIEUX BOURGEOIS

Ils attendent le jour pour entrer.

LE MAÇON

Quelle heure est-il?

LA FEMME

Trois heures. Écoute : le coq chante.

LE MAÇON, s'essuyant avec sa manche

Hâtons-nous, hâtons-nous! Cré Dieu! qu'il fait chaud!

LE MENUISIER

Tant mieux donc! Labour d'été vaut fumier.

LE VIEUX BOURGEOIS

Je n'en puis plus.

LE MENUISIER

Reposez-vous un peu, monsieur le notaire. Chacun n'est tenu de faire que ce qu'il peut.

LE VIEUX BOURGEOIS, apportant un pavé

... Je veux encore mettre celui-là.

91

Allez plus posément. Qui ne peut galoper, qu'il trotte.

LA FEMME

A-t-on enfin des fusils?

LE MENUISIER

Bah ! à l'Hôtel de Ville, ils nous bernent toujours avec des promesses. Ils sont quelques centaines de bourgeois qui accaparent tout.

LE MAÇON

N'importe! On a des couteaux, des bâtons, des pierres. Pour tuer, tout est bon.

LA FEMME

J'ai monté dans ma chambre des tuiles, des tessons, des culs de bouteilles ; j'ai tout apporté près de la fenêtre, tout, la vaisselle, les meubles, les livres. S'ils passent, je leur casse la gueule.

UNE AUTRE FEMME, à sa fenêtre

Moi, ma chaudière est sur le feu, et bout depuis le dîner. J'y fais cuire des pavés. Qu'ils viennent : je les grillerai.

UN GUEUX, avec un fusil, s'adressant à un bourgeois

Donne-moi de l'argent.

LE BOURGEOIS

On ne mendie pas ici.

LE GUEUX

Je ne te demande pas du pain, quoique j'aie les
boyaux vides. Mais j'ai un fusil, et rien pour
acheter de la poudre. Donne-moi de l'argent.

UN AUTRE GUEUX, un peu aviné

De l'argent, j'en ai, moi, tant que tu veux.
Il sort une poignée d'argent.

PREMIER GUEUX

D'où as-tu ça ?

DEUXIÈME GUEUX

Je l'ai pris aux Lazaristes aujourd'hui, quand on
a pillé le couvent.

PREMIER GUEUX, le prend à la gorge

Tu veux donc déshonorer le peuple, cochon ?

DEUXIÈME GUEUX, cherchant à se dégager

Eh bien, quoi ? Tu es fou ?

PREMIER GUEUX, le secouant

Vide tes poches !

DEUXIÈME GUEUX

Mais...

Vide tes poches, voleur !

Est-ce qu'on n'a plus le droit de voler les aristos ?

Pends-le ! — Accroche-le à l'enseigne ! — Non, une rossée suffit. Demande pardon au peuple. — Bon. — Maintenant, déguerpis !

On aurait mieux fait de le pendre, pour l'exemple. Il en reviendra d'autres. On est exposé à se salir, dans la compagnie de ces voleurs. C'est désagréable.

Tu en seras quitte pour un coup de brosse.

Allons, finissons-en.

Ma Lucile est ici. Je viens de chez elle. La maison était vide. On m'a dit que toute la famille était

94

allée dîner chez des parents, au faubourg Saint-
Antoine. Ils n'ont pas pu revenir, sans doute. Ils
ont été bloqués. — Eh! parbleu! je crois bien!
Quelle fortification ! Escarpe et contrescarpe,
lune et demi-lune, rien n'y manque. Ils font le
siège de la maison. — Mais, mes enfants, il s'agit
de démolir la Bastille ; il ne s'agit pas d'en
construire une autre. — Je ne sais pas ce que vos
ennemis en penseront. En tout cas, c'est excessivement dangereux pour vos amis. Je viens de me
prendre les jambes dans vos ficelles ; un peu plus,
j'y restais. — Ce tonneau ne tient pas. Il faut
remettre des pavés.

LE MENUISIER

Est-ce que tu travailles aussi bien que tu parles ?

DESMOULINS, gaiement, prenant une pioche

Je sais aussi travailler.

> Du sommet de la barricade, où il monte, il peut toucher
> la fenêtre de la maison. A l'intérieur de la chambre, on
> voit passer une lumière. Desmoulins regarde.

Elle est là.

LE VIEUX BOURGEOIS

Le prévôt Flesselles trahit. Il feint d'être avec
nous. Il est en correspondance avec Versailles.

LE MAÇON

C'est lui qui a inventé cette milice bourgeoise,
qui, sous prétexte de nous défendre, ne cherche

95

qu'à nous empêcher d'agir. Ce sont tous des Judas,
là-dedans, vendus, et prêts à nous vendre.

LE MENUISIER

Tout ceci nous apprend, mes amis, qu'il ne faut
compter que sur nous. Il y a longtemps que je sais
cela.

> Pendant ce temps, Camille frappe doucement du doigt la
> vitre, en murmurant : « Lucile ». — La lumière s'éteint. La
> fenêtre s'ouvre. Le minois de Lucile paraît, avec ses dents
> qui sourient. — Ils mettent tous deux un doigt sur leur
> bouche, pour s'avertir de se taire et de prendre bien garde.
> Ils se parlent par signes amoureux et amusés. Chaque fois
> que les travailleurs de la barricade relèvent la tête de leur
> côté, Lucile referme vite la fenêtre entr'ouverte. Deux
> ouvriers l'aperçoivent pourtant.

UN OUVRIER, montrant Desmoulins

Eh bien, qu'est-ce qu'il fait donc ?

DEUXIÈME OUVRIER

Le petit est amoureux. Bah ! ne les gênons pas !

PREMIER OUVRIER

Il ne s'en battra que mieux. Le coq défend sa
poule.

> Ils continuent de travailler, tout en jetant de temps en temps
> un regard curieux et bon enfant au petit manège des deux
> amants ; mais c'est avec des précautions touchantes, pour
> ne pas les gêner.

LUCILE, à voix basse

Que faites-vous là ?

96

Un fort pour vous défendre.

> Ils se regardent avec des yeux riants et amoureux, sans
> parler.

LUCILE

Je ne peux pas rester. Mes parents sont à côté.

DESMOULINS

Encore un peu.

LUCILE

Plus tard. Quand tout le monde sera couché, et
qu'ils seront partis. Même jeu.

LUCILE, prêtant l'oreille aux bruits de la maison

On m'appelle. Attendez-moi.

> Elle lui envoie un baiser et disparaît. — Dans ce petit
> dialogue, les mots n'ont de prix que celui que leur don-
> nent les regards et les sourires des amants.

LE MAÇON, regardant la barricade

Là! Voilà qui est fait, — et bien fait, j'ose le dire.
— Il ne manque plus qu'un bouquet sur le faîte.

LE MENUISIER, frappant sur l'épaule de Desmoulins

Ne travaille pas trop; tu attraperas la pleurésie.

DESMOULINS

Chacun son ouvrage, camarade. Après tout, si
cette barricade est debout, c'est ma voix qui l'a fait
lever.

Que chantes-tu là?

C'est de la voix que tu travailles?

Aucun de vous n'était-il au Palais-Royal, hier?

Au Palais-Royal? — Attends donc! — Est-ce que tu serais le petit qui nous a appelés aux armes, qui a donné la cocarde? C'est toi monsieur Desmoulins? — Sacrebleu! que c'était beau! comme tu as bien parlé! J'en ai pleuré comme un veau. — Ah! le brave petit homme! — Monsieur Desmoulins, monsieur Desmoulins, voulez-vous me permettre! Il faut que je vous serre la main! — Vive monsieur Desmoulins! Vive notre petit Camille!

GONCHON, capitaine de la milice bourgeoise, entrant, suivi d'une patrouille de sa compagnie

Qu'est-ce que vous foutez là? Qu'avez-vous à gueuler? Vous troublez l'ordre, vous réveillez le quartier. Au large! Rentrez chez vous!

C'est encore cette sacrée garde bourgeoise! Mousse pour le guet! Bran pour les sergents! — Troubler l'ordre? C'est trop fort! — Nous défendons Paris.

Cela ne vous regarde pas.

Cela ne nous regarde pas?

Cela ne vous regarde pas! Cela ne regarde que nous. C'est nous, que le Comité permanent a chargés de la défense. Foutez le camp!

Mais c'est Gonchon!

Nom de nom de nom de nom de sacré mille tonnerres! Qui sont les enfants de garce qui se sont permis d'élever cette machine, de démolir la rue, d'interrompre la circulation? Flanquez-moi ça par terre!

Renverser notre barricade! Qu'ils s'en avisent!

Écoute, capitaine, écoute bien, et pèse ce qu'on va dire. On consent à s'en aller, et à ne pas discuter les ordres du Comité, quoiqu'ils soient imbéciles. Il faut de la discipline, quand on est en guerre; et

on se soumet. Mais, si on touche une pierre à
notre fortification, on te casse la figure, à toi, et à
tes singes.

LE PEUPLE

Démolir notre barricade !

GONCHON

Qui parle de la démolir? Sommes-nous des maçons? Nous avons autre chose à faire. Au large !

LE MAÇON, menaçant

On s'en va, mais tu as compris?

GONCHON, avec aplomb

J'ai dit qu'on n'y toucherait pas; et personne n'y
touchera. Pas de réplique !

Les travailleurs de la barricade se dispersent, Desmoulins
s'attarde.

GONCHON

Est-ce que tu n'as pas entendu, toi?

DESMOULINS

N'y a-t-il pas de privilèges pour les amis,
Gonchon?

GONCHON

C'est toi, damné bavard? — Arrêtez ce drôle !

ROBESPIERRE, entrant (1)

Sacrilège, qui ose porter la main sur un fondateur de la Liberté !

DESMOULINS

Ah ! Robespierre ! — Merci.

GONCHON, lâchant Desmoulins

A part. Un député ! Au diable ! — Haut. C'est bon. Je suis chargé de défendre l'ordre. Je maintiendrai l'ordre malgré tout. — Au large !

ROBESPIERRE

Viens avec moi, Camille. Nos amis se réunissent cette nuit, dans cette maison.
Il montre la maison de gauche, au premier plan.

DESMOULINS, à part

D'ici, je verrai la fenêtre de Lucile.

GONCHON, à ses gens

Et nous, continuons notre ronde. — Ah ! les gueux ! On n'en viendra jamais à bout ! On a beau avoir l'œil ouvert : les barricades sortent de terre, comme des champignons ; et toutes les rues sont pleines de ces fainéants, qui ne pensent qu'à se battre. Si on les laissait faire, morbleu, il n'y aurait plus de roi demain ! — Allons ! — A un des gardes

---

(1) Voir, à la fin de la pièce, la variante pour la représentation.

bourgeois. Eh ! sacredié ! Prends garde, toi ! Que fais-tu avec ce pistolet? Le règlement interdit les armes à feu. C'est excessivement dangereux. Rengaine cela, animal ! Il sort avec ses hommes.

Robespierre et Desmoulins s'approchent de la maison de gauche, à la porte de laquelle, dans un renfoncement obscur, un homme en chemise, jambes nues, un fusil sur l'épaule, fumant sa pipe, monte la garde.

L'HOMME, en faction

Qui êtes-vous ?

ROBESPIERRE

Robespierre.

L'HOMME

Connais pas.

ROBESPIERRE

Député d'Arras.

L'HOMME

Montrez votre carte.

DESMOULINS

Desmoulins.

L'HOMME

Le petit à la cocarde ? Passez, camarade.

DESMOULINS, montrant Robespierre

Il est avec moi.

L'HOMME

Allons, passez aussi, citoyen Robert Pierre.

102

DESMOULINS, fat

Admire, mon ami, le pouvoir de l'éloquence.

> Robespierre le regarde, sourit amèrement, soupire, et le suit
> sans parler.
>
> Ils entrent dans la maison. (1) On aperçoit Hulin, l'abbé
> Fauchet, Cloots, et quelques autres, bourgeois et petits
> bourgeois, attablés ou debout, buvant, fumant et discu-
> tant.

L'ABBÉ FAUCHET, allant au devant de Robespierre

Eh bien ?

ROBESPIERRE

Eh bien, la bataille est engagée maintenant. Il
n'y a plus qu'à attendre.

FAUCHET

Attendre, attendre... Ah ! si c'était fini !

ROBESPIERRE

Ne le désirons pas trop. Nous sommes libres encore, cette nuit, nous pouvons rêver de la liberté
ensemble.

FAUCHET

Non, j'aimerais mieux tout, même le pire, que
cette incertitude !

---

(1) Par un système de décoration, utilisé au Théâtre du Peuple de
Bussang, l'intérieur de la maison ne doit être visible que pendant
la scène qui suit, jusqu'à l'arrivée de Hoche. Le reste du temps, il
est caché, soit par un décor mobile, représentant la façade de la
maison sur la rue, soit par un rideau métallique, qui s'éclaire pour
laisser voir l'intérieur du café.

Quel mal on se donne ! Et pourquoi ? Quelques coups de canon auront vite fait de déblayer tout cela.

LES BOURGEOIS

Nous n'avons même pas d'armes.

— Et cette Bastille, qui se prépare à nous écraser !

HULIN, regardant

Ils ne dorment pas plus que nous, là-haut. Regardez. Des lumières se promènent sur la tour de gauche.

— Ils ont fait la toilette de leurs canons. Ils les ont braqués sur le faubourg.

HULIN

Nous sommes comme une fourmilière que des bûcherons enfument, et qui s'agite en vain.

FAUCHET

Et l'Assemblée ?

ROBESPIERRE

Point de nouvelles. Elle est toujours bloquée. Peut-être est-ce fini, de ce côté déjà.

FAUCHET

Non, non, Dieu ne peut permettre cela !

CLOOTS, physionomie joyeuse, ouverte, voix claire, manières
un peu excentriques

Ah ! parlons-en de votre Dieu ! C'est un joli garçon. Je me demande comment on peut avoir la naïveté d'attendre quelque chose d'un individu qui a plus de crimes sur la conscience que Cartouche, ou le roi de Prusse, puisqu'il est leur père à tous.

FAUCHET

Il a fait le mal pour que nous le combattions.

CLOOTS

Oui, oui, je connais le refrain : « Ce Dieu qui fait mourir Dieu pour apaiser Dieu. » « Dieu le père juge les hommes dignes de sa vengeance ; Dieu le fils les juge dignes de sa miséricorde ; et Dieu l'Esprit reste neutre. » Qu'ils se taisent donc tous trois, au lieu de se disputer. Ils n'ont rien de mieux à faire qu'à ne pas exister. — Ils ne s'en privent pas d'ailleurs.

DESMOULINS, riant

C'est vous, monsieur de Cloots ! Depuis quand êtes-vous revenu ?

CLOOTS

Je voyageais en Espagne, errant de ville en ville, suivant mon habitude, pourchassé par toutes les polices, ennemi de tous les États. La nouvelle des événements de France m'est arrivée à Madrid. J'ai prévu ce qui allait suivre, et je suis venu à toutes brides, prendre part au combat pour notre cher Paris.

DESMOULINS

C'est bien à vous, riche, indépendant, et étranger, de venir de gaieté de cœur partager nos dangers.

CLOOTS

Je ne suis pas le seul. J'ai croisé sur la route des Anglais et des Américains. C'était à qui arriverait le premier au secours de Paris. Nous le lui devons bien : c'est pour nous qu'il combat. Ne m'appelez pas étranger. Ma patrie est la vôtre, celle de l'Humanité !

DESMOULINS, riant

Mais ce n'est pas celle de Dieu, à ce que j'entends ?

CLOOTS

Excusez-moi, je ne puis souffrir ce coquin-là ; et c'est ce que je disais, un peu vivement peut-être, à l'abbé, qui est un honnête homme, et que j'estime. Je m'indigne qu'il y ait encore des gens, — et il y en a dans votre Assemblée, — qui pensent faire précéder le préambule de votre Constitution de cette niaiserie gothique : « En présence de l'Être Suprême », ou : « Après avoir invoqué l'assistance du Suprême Législateur de l'Univers. » Bel exorde

106

à l'émancipation de l'homme ! Alors, appelez tout
de suite votre déclaration de liberté, une déclaration d'esclavage !

DESMOULINS, sournoisement, montrant Robespierre à Cloots

Adressez-vous à lui.

CLOOTS, interpellant Robespierre

Vous croyez à cela, vous ? Vous donnez dans ces
sottises ?

Robespierre lui tourne le dos.

CLOOTS, à Fauchet

Qui est-ce ?

FAUCHET, à mi-voix

Un député de province, qui fait à l'Assemblée des
discours un peu ridicules, mais d'un bon sentiment.

CLOOTS

Il est assez éloquent quand il se tait. — Je le con-
vertirai.

DESMOULINS

Laissez donc Dieu tranquille. C'est un mot
comme un autre.

CLOOTS

Les mots sont plus meurtriers que les hommes.
C'est sur celui-là, depuis des siècles, que s'appuient
les tyrans et leurs armées.

Raison de plus pour mettre Dieu dans notre Constitution. Nous le débauchons en secret; nous le faisons passer dans le camp de la Liberté. Chut! il ne faut pas le dire! N'est-ce pas, monsieur l'abbé ?

FAUCHET

Mes pauvres amis, croyez donc que le bon Dieu n'est pas plus bête qu'un autre, et qu'il n'y a pas de raison pour qu'il ne préfère pas la justice et la liberté à leurs ennemis.

CLOOTS

S'il existait, il serait un souverain, donc injuste et despote. Point de souverain du monde, que le Seigneur Genre Humain !

HULIN

Ah! les sacrés bavards! ils font la guerre à Dieu, comme si c'était de lui qu'il s'agissait... Messieurs, s'il vous plaît, revenons au fait. Le roi nous attaque tout à l'heure. Occupons-nous du roi. Pour Dieu, nous avons le temps de nous retourner.

LES BOURGEOIS, hochant la tête

Ah! pour cela, que faire ? On a commencé la révolution trop tôt. Pourquoi a-t-on soulevé le peuple ? On n'était pas prêt.

DESMOULINS, piqué

Ce n'est pas nous qui avons commencé. La déclaration de guerre est venue de Versailles. Et puis,
l'eût-on voulu, on ne pouvait attendre. Il fallait
parler, il fallait agir.

LES BOURGEOIS

C'est vrai. La fatalité l'a voulu.

HULIN

Mais enfin, n'y a-t-il pas d'espoir ?

LES BOURGEOIS

— Peut-être, si la province imitait Paris.
— Seule, elle n'osera rien.
— D'ailleurs, elle ne sait rien.

HULIN

Mais nous, que devons-nous faire ?

LES BOURGEOIS

— Négocier avec la cour ?
— Elle ne consentira même pas à discuter avec
nous.
— Sa première condition serait qu'on lui livrât
les chefs du mouvement.

FAUCHET

S'il suffisait que quelques hommes se livrassent
pour racheter la liberté des autres !

CLOOTS

Voilà bien mon curé, avec ses vieilles idées de sacrifice !

DESMOULINS

Livrer les chefs du peuple, ce serait livrer le peuple !

CLOOTS

Qu'avez-vous à jeter le manche après la cognée ? Patience, donc ! Fût-ce demain, fût-ce dans dix ans, fût-ce dans un siècle, nous sommes sûrs de la victoire.

HULIN

Si ce n'est pas demain, c'est un peu tard pour nous.

CLOOTS

Ce sera demain. L'heure a sonné. L'homme est devenu majeur ; il prend possession de la terre. La moisson de révolte se lève sur les champs. Laissez-nous faire : nous allons en appeler à tous les hommes libres de l'univers.

HULIN

Maigre armée. Nous n'avons pas le temps d'attendre.

DESMOULINS

Robespierre, tu te tais. Doutes-tu de notre cause ?

Je ne doute point de la justice : elle est avec nous. Mais je sais que la justice d'une cause est, dans le monde, une raison pour qu'elle soit écrasée. N'importe. C'est notre devoir inflexible de la défendre jusqu'au bout. Malheur à qui chicane son devoir, et tâche à l'esquiver. Notre but n'est pas la victoire, mais la vertu.

Je reconnais là mon Romain, avec son éternelle maxime : le pire est toujours certain. Tes encouragements ont un effet infaillible sur moi ; ils m'enlèvent tout courage. C'est une glace que ton stoïcisme. Tes paroles sont un glas perpétuel.

Allons, je vois bien qu'en fait de conseil, vous n'en avez pas d'autre que de faire comme on fait à Paris, quand il pleut : laisser pleuvoir. Il faudrait pourtant se décider ! — Je ne demande qu'à marcher ; mais qu'on me dise où aller ! — Ah ! que Hoche n'est-il ici ! — Enfin, faisons de notre mieux. Je n'espère pas plus que vous ; mais au moins on peut tenir assez longtemps pour qu'il en cuise à ceux qui voudront nous forcer dans notre gîte. Que chacun s'arme donc pour la lutte. Il n'y a plus d'autre alternative.

III

Si Paris ne peut être défendu, que Paris soit brûlé, que Paris soit effacé de la terre plutôt que d'être rendu à l'esclavage. Un jour, la Liberté renaîtra de nos cendres.

DESMOULINS, regardant à la fenêtre

Qui erre, hagard et titubant, avec des gestes furieux, et se heurtant aux murs ?

HULIN, regardant

C'est le fou Marat.

> Marat, sans chapeau, les vêtements ouverts et défaits, les yeux hors de la tête, les cheveux au vent, marche à grands pas dans la rue, chancelant par instants, comme ivre, montrant le poing au ciel, et frappant les murs des maisons.

MARAT, dans la rue

O nuit! De quelle masse écrasante tu pèses sur cette ville! — Néant inerte et vide, la mort est en toi. La mort de ce peuple, la mort de mes pensées, la mort de ma Liberté!... O Dieu! et ils dorment! Sont-ils morts déjà? Ils l'ont toujours été. — J'erre à travers les rues, comme un chien qui aboie à la mort, dans cette veillée funèbre, sous ces lumières qui éclairent les funérailles de la Liberté. — Être Suprême, n'étions-nous pas dignes de ce Bien, dont tu avais mis le pressentiment dans le cœur de

quelques élus ? — Alors, brûle ces hommes, fla-
gelle-les, — que, de l'excès des souffrances, leur
âme s'élève plus vite à la vérité ! Frappe ! hâte par
tes coups l'avènement de la justice ! — O Dieu !
être vaincu, encore vaincu, toute sa vie vaincu !
Sentir en soi cette force, ces tempêtes, toutes les
puissances de la Révolution, prêtes à renverser les
idoles du passé, — et être vaincu ! Liberté ! Liberté !
ne t'arracherai-je pas de la prison de cette poitrine,
de ce ciel, de ce monde, où tu te caches, comme
l'étincelle dans la pierre ! — Sors de terre ! Sors de
cette ville ! Je te veux ! Je te veux, Liberté !

ROBESPIERRE, à l'intérieur de la maison. Il s'est levé et a joint
les mains avec émotion. Les autres se sont levés instinctivement
autour de lui, en le regardant, et l'écoutent religieusement. Les
deux voix de Robespierre et de Marat se répondent comme une
prière.

O Liberté ! tant de siècles, tu as lutté contre
l'univers ennemi ! Après tant de souffrances, tu
t'étais fait jour à travers le chaos. La lumière de tes
yeux nous apparaissait enfin. Si près de nous, si
patiemment, si chèrement attendue, nous abandon-
neras-tu ? Ton regard s'éteindra-t-il, — pour combien de siècles encore ? Le globe est enseveli dans
les ténèbres. Lumière, ne te lèveras-tu point enfin ?

On entend, au dehors, la voix joyeuse et claire de Hoche, au
milieu des acclamations et des rires de la foule. Les
fenêtres des maisons s'ouvrent. Les gens paraissent, et se
penchent pour voir.

HULIN, à la fenêtre

C'est Hoche ! J'entends son rire ! — Ah ! cela fait du bien !

> Hoche entre, au milieu d'une troupe de garde française en armes comme lui, et d'une foule qui rit et crie. La Contat se distingue entre tous par sa belle humeur. Marat affaissé sur les marches d'une maison, se redresse, inquiet et soupçonneux.

HOCHE, riant, montrant à ses camarades les fortifications populaires

Regardez-moi ce travail. Quel est le Vauban qui a bâti cela ? Ah ! les braves gens ! Je vous embrasserais tous. — Quelle peine ils se sont donnée ! — Et pourquoi faire, bon Dieu ? — Eh ! mes amis, contre qui tout cela ? Est-ce contre vos amis ? Les ennemis ne viendront pas, allez, soyez tranquilles !

LE PEUPLE, auquel se mêlent Hulin, Desmoulins, et quelques-
uns de ceux qui sont à la fenêtre

Vivent les garde française !

> Marat s'élance devant Hoche et lui barre le passage, les bras étendus.

MARAT

Arrête, soldat ! Pas un pas de plus !

> La foule étonnée parle confusément, et se presse pour voir.

CLOOTS

Qu'a-t-il ? Il perd la tête ?

HULIN

Il y a longtemps que c'est fait.

114

Rends ton sabre ! Rendez vos armes, tous !

DESMOULINS

Il va se faire écharper.

LES GARDE FRANÇAISE

Comment, coquin ! — Rendre mon sabre ? — Je
vais te le rendre dans le ventre.

LE PEUPLE

Assommez-le !

HOCHE

Paix. Laissez-moi m'expliquer avec lui. Je le
connais. — Lâche-moi, l'ami !

MARAT, se dressant sur la pointe des pieds pour prendre
Hoche au collet

Rends ton sabre !

HOCHE, se dégageant tranquillement et, de sa main posée sur lui,
le maintenant malgré ses contorsions

Et qu'en feras-tu, mon garçon ?

MARAT

Je t'empêcherai de poignarder la liberté.

HOCHE

Tu soupçonnes ceux qui viennent donner leur
sang au peuple ?

Qui me prouve ta loyauté? Pourquoi aurais-je confiance en des soldats inconnus?

LES GARDE FRANÇAISE

Casse-lui la tête, Hoche!

> Hoche les apaise du geste, regarde Marat en souriant, et le lâche.

HOCHE

Il a raison. Pourquoi aurait-il confiance en nous? Il ne nous a pas vus à l'œuvre.

> Marat, interdit, devient brusquement silencieux et immobile, regardant Hoche, écoutant ses paroles.

LES GARDE FRANÇAISE

Sapristi! C'est un peu fort de se laisser accuser, quand on risque la mort pour ces oiseaux-là!

HOCHE

Bah! il ne nous connaît pas, cela ne fait rien. *Avec bonté.* Tu te trompes, Marat; mais tu fais bien de veiller sur le peuple. *Au peuple.* Nous nous comprenons à demi-mot, camarades; il ne nous a fallu qu'un instant pour sentir que nous étions de braves gens, et pour avoir foi les uns dans les autres. Pourtant il n'a pas tort de vous donner une leçon de prudence, nous sommes en temps de guerre;

vous avez le droit de demander des comptes à tous,
personne ne peut s'y soustraire.

LE PEUPLE

Nous te connaissons, Hoche, tu es un ami.

HOCHE

Prenez garde à vos amis. Souriant. Je ne dis point
cela pour moi. Au reste, vous êtes encore en trop
mauvaise situation pour avoir beaucoup d'amis; ils
ne sont pas très dangereux. Mais vous les verrez
venir quand vous serez puissants, et c'est alors qu'il
faudra ouvrir l'œil.

LES GARDE FRANÇAISE

Il est bon avec ses conseils. Il veut qu'on soit pru-
dent, et il ne se défie de personne.

HOCHE, riant

Oh! moi, quand deux yeux me plaisent, je m'y
laisse toujours prendre. Mais si je suis un sot, cela
ne regarde que moi. Vous, vous avez le monde à
sauver. Ne m'imitez pas. Nous sommes quelques
centaines de garde française. Nos officiers, qui
savaient nos sympathies pour le peuple, ont voulu
nous envoyer à Saint-Denis pour nous éloigner de
vous. Nous avons quitté la caserne, et nous vous
offrons nos sabres. Pour rassurer Marat, divisez-
nous en groupes de dix ou de vingt, et que chacun

117

VII

de ces groupes soit encadré dans un bataillon populaire. Ainsi, vous serez maîtres de nous, et nous
pourrons vous diriger et faire votre apprentissage.
Quant à moi, Marat, veux-tu m'accompagner? Il y
aura profit pour tous deux. Tu verras qu'il y a de
braves gens encore, et peut-être m'apprendras-tu
à me défier des traîtres, bien que je craigne que tu
ne perdes ta peine.

Marat, qui n'a cessé de dévorer des yeux Hoche, et de
suivre ses paroles, avec une attention violente, s'avance
vers lui.

MARAT

Je me suis trompé.

HOCHE, lui tend la main en souriant

Comme il doit être fatigant de toujours soupçonner! J'aimerais mieux mourir.

MARAT, soupirant

Moi aussi. — Mais tu l'as dit tout à l'heure; il ne
s'agit pas de nous, il s'agit de la Nation.

HOCHE

Continue donc d'être l'œil vigilant du peuple.
Mais je ne t'envie pas, ma tâche est plus aisée.

MARAT, regardant Hoche

O Nature, si les yeux et la voix de cet homme
sont menteurs, il n'y a plus d'honnêteté. Soldat, je

118

t'ai offensé devant tous. Devant tous, je te demande
pardon.

HOCHE

Tu ne m'as pas offensé. Personne ne sait mieux
que moi ce qu'est un chef militaire, et les dangers qu'il fait courir à la Liberté. « Le gouvernement militaire est celui des esclaves, il ne peut
convenir à des hommes. Nous l'abhorrons » comme
toi. (1) Nous venons de nous-mêmes briser la
force aveugle que nous avons dans les mains. Nous
plions l'armée aux pieds de la raison. Ouvrez-nous
vos bras, faites-nous place à la table de famille,
rendez-nous notre liberté perdue, notre conscience
enchaînée, notre droit à être des hommes comme
vous, vos égaux et vos frères. Soldats, redevenons
`Peuple. Et toi, Peuple, tout entier, deviens Armée ;
défends-toi, défends-nous, défends notre âme
attaquée ! Donnons-nous la main, embrassons-
nous, ne soyons qu'un seul cœur ! — Amis ! —
Chacun pour tous ! Tous pour tous !

LE PEUPLE ET LES SOLDATS, en proie à une ivresse d'amour
et d'enthousiasme fraternel, pleure, s'embrasse, et rit, en criant

Oui ! pour vous ! pour vous ! pour nos frères du
peuple ! pour nos frères soldats ! pour tous ceux qui

-----

(1) Paroles de Hoche.

souffrent! pour tous les opprimés! pour tous les
hommes!

Ces exclamations se croisent en désordre, de tous les côtés
à la fois, du peuple, des soldats, de la rue, des fenêtres,
des balcons, chargés de femmes et d'enfants, de la maison
de gauche, à la fenêtre de laquelle se pressent Desmoulins,
Hulin, Fauchet, Cloots, Robespierre.

HULIN, à la fenêtre

Hourrah! Hoche! — Enfin! voilà celui qui
dissipe la tristesse!

HOCHE, amicalement

C'est toi, Hulin? Que fais-tu là? Que faites-vous
là, tous, dans la nuit? Vous broyez du noir, naturellement. Quelle folie de s'enfermer ainsi par cette
belle nuit de Juillet! L'homme est triste, quand il
s'isole des autres. C'est cet air de cave qui inspire
les soupçons et les doutes. Sortez de vos maisons!
Il y a assez longtemps que nous sommes forcés de
rester murés chez nous. A présent, c'est dans la
rue, c'est en plein air qu'il faut vivre! Venez sentir
le matin qui se lève! La Ville prisonnière respire à
pleine poitrine; le souffle des prairies vient par
dessus nos murs, et les armées qui les bloquent,
nous apporter le salut des campagnes fraternelles.
Les blés sont mûrs : nous allons les faucher.

LA CONTAT

Ah! le beau garçon! il répand la joie autour de
lui. — Elle va vers Hoche.

Vous voilà, bouquetière de la Liberté, madame
la royaliste, qui saccagiez à belles mains les arbres
du Palais-Royal, pour jeter au peuple les cocardes
d'affranchissement! Je savais bien que vous y
viendriez aussi. Vous avez donc fini par croire à
notre cause?

LA CONTAT

Je croirai à tout ce que tu voudras. Avec une
figure comme celle-là, — elle le désigne — je serai
toujours convertie. — Le peuple rit.

HOCHE, riant

Cela ne m'étonne point : j'ai le tempérament d'un
apôtre. — Eh bien, mettez-vous là ; on ne refuse
personne. Et prenez une pique : une fille comme
vous doit savoir se défendre.

LA CONTAT

Tout beau! ne m'enrôle pas si vite! Je regarde,
j'applaudis, je trouve le spectacle plaisant; mais je
ne joue pas ce soir.

HOCHE

Vous trouvez cela plaisant? vous trouvez cela un
jeu? — Regardez ce pauvre diable, dont les os font
saillie sous la blouse, cette femme qui tend à ce
petit aux yeux vitreux sa mamelle sans lait, — cela

vous amuse, ces êtres mourant de faim ? et vous
jugez cela une bonne comédie, ce peuple qui,
n'ayant ni le pain, ni la vie assurée pour demain,
ne pense qu'à la Constitution qu'élabore l'Assemblée, aux droits de l'humanité, à la justice éternelle ?
— Ne voyez-vous pas que c'est quelque chose
d'aussi sérieux qu'une tragédie de Corneille ?

LA CONTAT

Eh ! c'est aussi un jeu.

HOCHE

Rien n'est un jeu. Tout est sérieux. Cinna et
Nicomède existent comme moi.

LA CONTAT

Étrange garçon. Les auteurs et les acteurs font
ces choses par semblant, et tu les prends au vrai :
n'est-ce pas curieux ?

HOCHE

Vous vous trompez, vous ne vous connaissez pas.
Je vous connais mieux que vous-même.

LA CONTAT

Tu m'amuses. Et d'où me connais-tu ?

HOCHE

Je vous ai entendue au théâtre ; j'ai vu votre pas-
sion dans vos rôles.

Si tu crois que je les sens!

HOCHE

Vous avez beau vous en défendre, votre instinct
les sent pour vous. Une force n'est jamais une
illusion. Vous n'êtes que l'instrument peut-être de
celle qui est en vous. N'importe, elle vous mène. Je
sais mieux que vous ce que le destin fera de vous.

LA CONTAT

Quoi donc?

HOCHE

Ce qui est fort doit aller avec ce qui est fort. Vous
serez de notre parti.

LA CONTAT

Enfin, si je n'y crois pas!

HOCHE

Peuh! Qu'est-ce que cela fait? Tout est affaire de
tempéraments. Il n'y a que deux partis au monde :
les sains et les malades. Ce qui est sain va à la vie.
La vie est avec nous. Venez.

LA CONTAT

Avec toi, volontiers.

Décidément, vous ne l'envoyez pas dire ! — Eh bien ! nous verrons cela plus tard, si nous avons le temps d'y penser.

LA CONTAT

Il est toujours temps pour l'amour.

HOCHE

On vous l'a trop fait croire. Vous vous imaginez que notre Révolution va verser dans une histoire galante ? Ah ! petites femelles ! depuis cinquante ans que vous êtes habituées à tout gouverner en France, que tout est ramené à vous, à vos caprices, à vos mignardises, il ne vous vient pas à la tête qu'on puisse faire passer d'autre objet avant vous ? Les jeux sont finis, madame. C'est une partie sérieuse, dont l'enjeu est le monde. Place aux hommes ! — Et si vous l'osez, suivez-nous dans la bataille, soutenez-nous, partagez notre foi ; mais sacredié ! n'allez pas la troubler ! Vous ne pesez pas lourd à côté d'elle. — Sans rancune, Contat ! Une passade, je n'ai pas le temps. Un amour, mon cœur est pris.

LA CONTAT

Par qui ?

HOCHE

Par la Liberté.

Je voudrais bien savoir comment cette fille est
faite.

HOCHE

Un peu comme toi, je me figure. Bien saine, bien
bâtie, blonde, ardente, audacieuse, mais débar-
bouillée de ton fard, de tes mouches, de tes affé-
teries, de tes ironies, agissant au lieu de railler
ceux qui agissent, soufflant aux hommes au lieu de
tes fadeurs provocantes et de tes sous-entendus
équivoques, des paroles d'action, de dévouement et
de fraternité. De celle-là, je suis l'amant. Quand tu
seras celle-là, tu m'auras. Voilà ma déclaration!

LA CONTAT

Elle me plaît. Je t'aurai. — Allons nous battre!
— Elle arrache un fusil à son voisin, et déclame au peuple, avec
un enthousiasme joyeux, quelques vers de *Cinna*.

Ne crains point de succès qui souille ta mémoire!
Le bon et le mauvais sont égaux pour ta gloire;
Et dans un tel dessein le manque de bonheur
Met en péril ta vie, et non pas ton honneur;
Regarde le malheur de Brute et de Cassie:
La splendeur de leur nom en est-elle obscurcie?
Sont-ils morts tout entiers avec leurs grands desseins?
Ne les compte-t-on plus pour les derniers Romains?
. . . .
Va marcher sur leurs pas où l'honneur te convie!

Elle se jette au milieu des rangs du peuple, qui éclate en
applaudissements.

HOCHE

A la bonne heure ! Que Corneille nous guide !
Secoue devant nos pas la torche de l'héroïsme !

HULIN, à la fenêtre

Où allez-vous ?

HOCHE

Où nous allons ? — Il lève les yeux, et regarde à la maison d'en face la petite Julie, à demi déshabillée, qui se penche à la fenêtre, animée et joyeuse. — Demande-le à cette petite, aux regards éveillés comme une potée de souris ! Je veux qu'elle dise la réponse qui est dans nos cœurs à tous. Sois notre voix, innocente ! Où allons-nous ? Où faut-il que nous allions ?

JULIE, se penchant de tout son corps à la fenêtre, — retenue par sa mère, — tendant les bras et criant de toutes ses forces

A la Bastille !

Explosion de cris du peuple.

LE PEUPLE

A la Bastille !

Vocifération furieuse d'où se détachent des apostrophes heurtées et forcenées qui éclatent de toutes parts, à la fois, ou à la suite, se partageant entre des groupes ou des individus isolés, ouvriers, bourgeois, étudiants et femmes.

LE PEUPLE, en proie à une exaltation folle

La Bastille ! la Bastille ! — Enfin ! — Briser ce joug ! — Arracher ce collier ! — Renverser cette masse écrasante et stupide ! — Ce monument éter-

126

nel de notre défaite et de notre avilissement ! — Le
tombeau de ceux qui osèrent dire la vérité ! — Ces
malheureux, murés vivants par l'exécrable despotisme ! — Le cachot de Voltaire ! — Le cachot de
Mirabeau ! — Le cachot de la Liberté ! — Respirer !
respirer ! — Nous voulons la Bastille ! — Monstre,
tu tomberas ! — Nous te raserons de la cime à la
base, engloutisseur d'hommes, assassin, lâche,
lâche, bandit !

Ils lui montrent le poing, s'excitent mutuellement, la face
congestionnée, rauques à force de crier. Desmoulins et
Cloots se sont laissé gagner par la contagion. Cloots est
sorti de la maison par la porte, Desmoulins a sauté par la
fenêtre. Hulin, Robespierre, Marat, agitent les bras,
tâchent de se faire entendre ; on comprend qu'ils désap-
prouvent le peuple, mais leur voix se perd dans le
tumulte.

HULIN, quand il peut enfin se faire entendre, criant

Vous êtes fous, fous ! Nous allons nous casser la
figure contre cette montagne !

MARAT, se croisant les bras

Je vous admire de vous donner tant de mal pour
délivrer quelques aristocrates. Mais vous ne savez
donc pas qu'il n'y a que des riches là-dedans ? C'est
une prison de luxe, qui n'est faite que pour eux.
Qu'ils règlent leurs affaires entre eux : cela ne vous
regarde pas.

HOCHE

Toute injustice nous regarde. Notre Révolution
n'est pas une affaire de famille. Si nous ne sommes

pas assez riches pour avoir des parents à la Bastille, nous le sommes assez pour adopter les riches, malheureux comme nous. Tout homme qui souffre injustement est notre frère.

MARAT

Tu as raison.

LE PEUPLE

Nous voulons la Bastille !

HULIN

Mais enfin, enragés, avec quoi la prendrez-vous ? Nous n'avons pas d'armes, et ils en ont, eux !

HOCHE

Justement. Allons les prendre.

CLOOTS, retroussant ses manches

Gaudeamus! Il y a assez longtemps que j'agis à coups de syllogisme. Je vais me dégourdir les poings.

FAUCHET

Vous êtes mes paroissiens, vous avez promis de me suivre ; je vous montrerai le chemin.

CLOOTS

La paroisse de la Bastille ! De celle-là, j'en suis ! L'abbé, pour une fois, je te servirai la messe.

Une rumeur s'élève dans le fond.

128

UN OUVRIER, *accourant*

Je viens de la rive gauche. Ils sont tous debout :
la place Maubert, la Basoche, la Montagne Sainte-
Geneviève ; ils marchent sur les Invalides, pour y
prendre les armes en dépôt, des milliers de fusils.
Ils sont des garde française, des moines, des
femmes, des étudiants, toute une armée. Le procureur du roi et le curé de Saint-Étienne-du-Mont
marchent à leur tête.

HOCHE

Tu demandais des armes, Hulin. En voici.

HULIN

Ce n'est pas avec quelques centaines de vieilles
arquebuses, des casques rouillés, ou même avec
quelques bons canons trouvés aux Invalides, qu'on
peut prendre la Bastille. Autant ouvrir un rocher
avec un couteau.

HOCHE

Ce n'est pas avec des canons en effet que la
Bastille sera prise. Mais elle sera prise.

HULIN

Comment ?

HOCHE

Il faut que la Bastille tombe. Elle tombera. Les
dieux sont avec nous.

HULIN, *haussant les épaules*

Quels dieux?

HOCHE

La justice, la raison. Tu tomberas, Bastille!

LE PEUPLE

Tu tomberas!

HULIN

J'aimerais mieux des alliés plus palpables. Je ne crois guère à tout cela. N'importe, il ne sera pas dit que je me laisse devancer. Je prétends. même marcher le premier. Vous savez mieux que moi peut-être ce qu'il faut faire. Mais moi, je le ferai. — Vous voulez aller à la Bastille, imbéciles? — Allons-y.

HOCHE

Parbleu! Tu feras tout, en répétant toujours qu'il est impossible de rien faire.

Gonchon revient avec sa patrouille.

GONCHON

Les voilà revenus! — Sacrebleu! — Ah! la vermine! On la chasse d'un côté, elle ressort de l'autre. — Est-ce ainsi qu'on m'obéit? Ne vous ai-je pas ordonné de rentrer dans vos maisons? — *Prenant un homme au collet.* Tu m'as entendu, toi, je te reconnais, tu étais là tout à l'heure. Foutre! j'en ai assez! Je m'en vais te faire arrêter. Je m'en vais

tous vous faire arrêter. Nous sommes chargés de
l'ordre. Tout citoyen qui circule la nuit dans les
rues sans un laissez-passer, est suspect.

HOCHE, riant

L'animal voudrait escamoter le peuple!

MARAT

Qui est ce traître qui a imaginé de décréter qu'il
était le Peuple? De quel droit cette voix odieuse
donne-t-elle des ordres à la Nation? Je connais ce
gros homme, cette face de Silène, boursouflée de
vices, suante de débauches et d'impudeur. Est-ce
que cet accapareur prétend avoir le monopole de la
Révolution, comme il eut celui des orgies de son
Palais-Royal? — Hors d'ici! ou je te fais arrêter
toi-même par le Peuple souverain!

GONCHON, balbutiant

Je suis le représentant du pouvoir, l'élu du Comité
central.

LE PEUPLE

Le pouvoir, c'est nous! — Le Comité central est
notre élu. Tu n'as qu'à obéir.

MARAT, d'un air farouche qui n'est au fond qu'une bouffonnerie
sinistre pour s'amuser des terreurs de Gonchon

Il faut se défier de ces traîtres qui se rallient au
peuple pour le perdre. Hoche l'a bien dit : Si nous

131

n'y prenons garde, nous serons bientôt envahis. Je
suis d'avis que, pour distinguer tous ceux qui se
sont faits les valets des aristocrates, on leur coupe
les oreilles, ou plutôt les pouces des mains : c'est
une mesure indispensable de prudence.— Le peuple rit.

GONCHON, épeuré, à Hoche

Soldat, tu es ici pour prêter main-forte à la loi...

HOCHE

Mets-toi là : on ne te fera pas de mal. — Et maintenant, va devant, nous te suivons.

GONCHON

Vous me suivez? Où cela ?

LE PEUPLE

A la Bastille !

GONCHON

Quoi ?

HOCHE

Sans doute. Prendre la Bastille. — Vous défendez
le peuple, messieurs de la milice bourgeoise? Le
premier rang vous appartient donc. Passez devant,
et point de façons. — Tu n'as pas l'air réjoui ? —
Se penchant à l'oreille de Gonchon. Je connais tes ruses,
mon bonhomme, tu es en correspondance avec le
duc d'Orléans... Allons, paix, et file droit : j'ai l'œil
sur toi, et je n'ai qu'un mot à dire à Marat. Il ne

fait pas encore jour ; tu pourrais nous éclairer, accroché à l'une de ces lanternes.

GONCHON

Laissez-moi rentrer chez moi.

HOCHE

Pas d'autre alternative : Être pendu, ou prendre la Bastille.

GONCHON, avec empressement

Prendre la Bastille !

Le peuple rit.

HOCHE

Tu es un brave ! — Et nous, gens du faubourg, ne nous laissons pas damer le pion par la Montagne Sainte-Geneviève. Que Saint-Antoine ne fasse pas le fainéant, tandis que Saint-Jacques s'escrime des poings et du bâton ! Sonnez les cloches, battez le tambour, appelez les citoyens aux districts. — Aux électeurs et aux députés. Vous, citoyens, veillez sur l'Hôtel de Ville, empêchez qu'on ne nous prépare quelque traîtrise dans le dos ! chargez-vous des bourgeois ! Nous, nous allons museler la bête.

Il montre la Bastille.

La petite Julie est descendue avec sa mère, sur le pas de sa porte ; elle est grimpée sur une borne pour mieux voir, et regarde Hoche avec une insistance muette et passionnée. Hoche la regarde, et sourit.

Eh ! petite ! tu veux venir aussi ? tu en grilles

133

d'envie ? — Elle lui tend ses mains frémissantes, en faisant signe que oui, sans parler. Eh bien viens ! — Il l'enlève et la met sur son épaule.

LA MÈRE

Vous êtes fou ! Laissez-la ! L'emmener où on se bat !

HOCHE

N'est-ce pas elle qui nous y envoie ? Voici notre porte-drapeau !

LA MÈRE

Ne me l'enlevez pas !

HOCHE

Eh ! venez aussi, la mère ! Personne ne doit rester dans les maisons aujourd'hui. Que le limaçon quitte sa coquille. La ville tout entière sort de sa prison. Ne laissons rien par derrière. Ce n'est pas une armée en guerre, c'est une invasion.

LA MÈRE

Ma foi, oui. Si on doit mourir, mieux vaut être tous ensemble.

HOCHE

Mourir ? Allons donc ! On ne meurt que quand on veut mourir.

Le ciel s'éclaire derrière les maisons et la masse sombre de la Bastille.

Hourrah ! Voyez le jour, le jour nouveau, l'aurore de la Liberté !

JULIE, qui s'est tenue jusque-là sur l'épaule de Hoche, toute
riante, excitée, et muette, un doigt dans sa bouche, se met à
chanter d'une voix fluette une ronde nationale du temps.

Liberté, dans ce beau jour
Viens remplir notre âme...

HOCHE, riant

Entendez-vous ce petit moineau ?

Le peuple rit.

Allons, gai ! gai ! au devant du soleil !

Il reprend l'air de la petite Julie en se mettant en marche ;
et la masse entière du peuple s'ébranle, joignant ses voix
au chant de Hoche et de la petite fille. Il se trouve
aussitôt une petite flûte qui accompagne d'une façon
alerte et aiguë la ronde populaire. A la musique se mêlent
de grandes clameurs enthousiastes, les cloches qui s'éveil-
lent de proche en proche, et des bruits confus qui per-
sistent pendant la scène suivante. Gouchon et les miliciens
tremblants sont poussés par une foule railleuse et rieuse,
parmi laquelle la Contat et Hulin. Hommes et femmes
sortent des maisons, se joignent au peuple, courent après
lui. — Une tempête joyeuse.

Tandis que le peuple s'écoule bruyamment hors du théâtre,
Desmoulins, qui l'accompagne jusqu'à la sortie de la
scène, revient sur ses pas, monte précipitamment sur la
barricade, va à la fenêtre de Lucile, et appuie sa figure
contre les vitres. Pendant la fin de l'acte, le bruit du
peuple, des cloches, des tambours, continue à bour-
donner au dehors ; et quelques retardataires sortent
encore des maisons, mais ne prennent pas garde aux
amants.

CAMILLE, à mi-voix

Lucile...

La fenêtre s'ouvre doucement. Lucile lui passe les bras autour
du cou.

LUCILE

Camille...

Ils s'embrassent.

135

Tu étais là ?

Chut !... Ils dorment à côté. J'étais là, cachée. Je suis restée tout le temps. J'écoutais et je voyais tout.

Tu ne t'es point couchée ?

Comment pourrait-on dormir avec tout ce vacarme ? — Oh ! Camille, comme ils t'ont acclamé !

Tu as entendu comme ils ont crié ?

Les vitres en tremblaient. Je riais dans mon coin. J'aurais voulu crier aussi. Comme je ne pouvais pas, j'ai fait des extravagances, je suis montée sur une chaise, j'ai... devine ce que j'ai fait...

Comment puis-je deviner ?

Devine, si tu m'aimes. Si tu n'as rien senti, c'est que tu ne m'aimes pas. Qu'est-ce que je t'ai envoyé ?

136

CAMILLE

Des baisers.

LUCILE

Tu m'aimes. C'est cela. Des paniers de baisers.
Il s'en est égaré quelques-uns sur ceux qui t'applau-
dissaient. — O les amours, comme ils criaient !
Comme tu es devenu glorieux, mon Camille, en un
jour, un seul jour ! — L'autre semaine, il n'y avait
que ta Lucile qui te connaissait, qui savait ce que
tu valais. Aujourd'hui, tout un peuple...

CAMILLE

Écoute.
Bruit joyeux et tumultueux de Paris.

LUCILE

Tout cela... C'est toi qui as fait tout cela... ce
beau charivari !

CAMILLE

Je n'y crois pas moi-même !...

LUCILE

Et tout cela avec un discours ! Comment as-tu
fait ? On m'a dit que tout le monde était hors de
soi, en t'écoutant. Que j'aurais voulu être là !

CAMILLE

Je ne sais pas ce que j'ai dit. Je me sentais soulevé
de terre. J'entendais ma voix et je voyais mes

gestes, comme si c'était un autre qui parlait. Tout
le monde pleurait, et je pleurais comme les autres.
A la fin, ils m'ont porté sur leurs épaules. On n'a
jamais rien vu de pareil.

LUCILE

Mon grand homme, mon Patru, mon Démosthène !
— Et tu as pu parler à toute une foule qui te regar-
dait ? Et tu ne t'es pas troublé ? Tu n'as pas perdu
la mémoire ? Tu n'as pas fait, comme tu fais quelquefois ?...

CAMILLE

Quoi donc ?

LUCILE

Tu sais bien... comme un flacon trop plein, d'où
l'eau ne peut sortir... Elle rit.

CAMILLE

Mauvaise ! Te voilà contente de ta méchanceté !
Tu montres tes petites dents, comme un chat.

LUCILE, riant

Mais non, je te dis, je t'aime ; je t'aime comme tu
es. Je te cherche des défauts, je les trouve, et je les
aime. Ne sois pas fâché, Hon-hon, j'aime ton bégaie-
ment, je t'assure, je m'essaie à parler comme cela
maintenant.
Ils rient tous les deux.

138

Écoute ce qu'un jour a fait de ce peuple. Que ne verrons-nous pas ! — O Lucile, que de belles choses nous allons faire ensemble ! Voilà la foudre lancée. Quels superbes coups de tonnerre ! Quelle joie de frapper de tous côtés, dans le tas, de détruire ces tyrans, ces injustices, ces préjugés, ces lois ! Enfin ! — On va donc casser le nez à ces magots ridicules et odieux, dont le sourire grotesque s'opposait à tout, défendait tout, empêchait de penser, de respirer, de vivre ! On va faire maison nette, brûler les vieilles nippes ! Plus de maîtres. Plus d'entraves. Que cela est amusant !

LUCILE

Qui dirigera Paris maintenant ?

CAMILLE

Nous, parbleu. La Raison.

LUCILE

Ils crient bien fort. Cela me fait peur.

CAMILLE

C'est là l'effet de quelques-unes de mes paroles.

LUCILE

Tu crois qu'ils t'écouteront toujours ?

CAMILLE

Ils m'ont écouté quand j'étais inconnu. Que ne pourrai-je, maintenant qu'ils m'adorent! — Bonnes gens! quand ils seront délivrés des misères qui les accablent, tout va devenir facile, aimable, riant. — Ah! Lucile, c'est trop de bonheur, à la fois, tout d'un coup! — Non. Pas trop! Jamais trop! — Mais cela me grise un peu, après tant de misère!

LUCILE

Pauvre Camille! tu as été si malheureux?

CAMILLE

Oui, cela a été bien dur, et bien long!... Six années!... Pas d'argent, pas d'amis, pas d'espoir... Abandonné des miens. Réduit à d'humiliants métiers. Courant après quelques sous, et ne les trouvant pas, souvent. Il y a plus d'un jour où je me suis couché sans dîner. — Je ne veux pas te raconter cela. — Plus tard, plus tard je te dirai... J'ai eu tort.

LUCILE

Est-ce possible? oh! mon Dieu! pourquoi ne venais-tu pas?...

CAMILLE

Tu aurais partagé avec moi ton petit pain?... Ce n'était pas encore le plus dur, Lucile. On se passe

de souper. Mais douter de soi, voir l'avenir fermé
devant soi ; — et puis, cette petite fille, cette chère
petite fille, dont les boucles blondes et les yeux
bruns souriaient à la fenêtre en face de ma fenêtre,
— dont je suivais les pas, de loin, dans les allées du
Luxembourg, savourant la grâce ingénue de ses
gestes, et la fine maigreur de son corps enfantin...
Ah ! petite Lucile, si tu m'as fait oublier quelquefois ma misère, combien tu me l'as rendue plus
lourde aussi, souvent ! Tu étais si loin de moi !
Comment aurais-je pu croire qu'un jour... ! Et ce
jour, je le tiens, oh ! je le tiens bien ! il ne m'échap-
pera plus. Je t'ai ! Je baise tes mains aux petites
fossettes. Tout le bonheur du monde, elles me l'ont
apporté. Le monde libre par moi ! Ah ! que je suis
heureux !

Ils s'embrassent, et restent un instant sans parler.

CAMILLE, regardant Lucile

Tu pleures ?

LUCILE, souriant

Toi aussi.

Les lumignons des fenêtres voisines s'éteignent.

LUCILE

Les lumières s'éteignent. L'aube vient.

Bruit de la foule au dehors.

VIII

Te souviens-tu de cette vieille histoire anglaise que nous lûmes ensemble : ces deux enfants de Vérone qui s'aimaient au milieu d'une ville soulevée?

Pourquoi me demandes-tu cela?

Je ne sais pas. — Ah! qui sait ce que l'avenir nous réserve?

Camille!

Pauvre Lucile, aurais-tu bien la force, si le malheur voulait...?

Qui sait? Peut-être la trouverai-je alors. Mais toi, j'en ai peur, tu souffriras cruellement.

Mais tu dis cela, comme si tu croyais vraiment que cela arrivera!

Tu es plus faible que moi, mon héros.

CAMILLE, souriant

Peut-être. J'ai besoin que l'on m'aime. Je ne sais pas être seul.

LUCILE

Jamais je ne te quitterai.

CAMILLE

Jamais. Quoi qu'il arrive, que tout nous soit commun, que rien ne nous sépare, que rien ne vienne desserrer l'étreinte de nos bras...

Un moment de silence. Lucile reste immobile, la tête ap-
puyée sur l'épaule de Camille.

CAMILLE, la regarde

Tu dors ?

LUCILE, relevant la tête

Non. — Soupirant. Dieu nous épargne ces épreuves !

CAMILLE, sceptique

Dieu ?

LUCILE, pose sa joue sur l'appui de la fenêtre et reste immobile
un bras autour du cou de Camille.

Ne crois-tu pas qu'il existe ?

CAMILLE

Pas encore.

LUCILE

Que veux-tu dire ?

143

CAMILLE

Nous le créons en ce moment. Demain, si j'en crois ce cœur, demain, il y aura un Dieu : L'Homme.

Lucile ferme les yeux et s'endort.

CAMILLE, doucement

Lucile... Elle s'est endormie... \

ROBESPIERRE, traversant la rue, aperçoit Camille

Tu es encore là, Camille ?

CAMILLE

Chut !

ROBESPIERRE

Tu oublies ton devoir.

Camille montre Lucile.

ROBESPIERRE, baissant la voix et regardant Lucile

Pauvre petite.

Il reste un instant immobile à les considérer tous deux. Un bruit de tambours plus proches réveille Lucile.

LUCILE, aperçoit Robespierre et a un sursaut d'effroi

Ah !

CAMILLE

Qu'as-tu, qu'as-tu, Lucile ? C'est notre ami, c'est Maximilien.

ROBESPIERRE, la salue en souriant

Vous ne me reconnaissez pas ?

144

Ah ! vous m'avez fait peur !

ROBESPIERRE

Pardon.

CAMILLE

Comme tu trembles !

LUCILE

J'ai froid. Adieu, Camille. Je vais dormir. Je n'en puis plus.

> Camille lui sourit et lui envoie un baiser. Robespierre s'incline. Mais elle se retire sans être encore remise de son émotion, et en les saluant seulement d'un signe de tête, muette et troublée.

> L'aurore est venue, le ciel s'est coloré derrière les maisons et la Bastille. — Au milieu des cris lointains, s'élève le crépitement des premières fusillades.

ROBESPIERRE, se tournant du côté d'où vient le bruit

Allons ! Il ne s'agit plus d'amour aujourd'hui.

> Il sort.

CAMILLE descend de la barricade

Il ne s'agit plus d'amour ? Et de quoi s'agit-il ? N'est-ce pas l'amour qui fermente dans cette ville, qui gonfle ces poitrines, qui offre au sacrifice ces larges moissons humaines ?... O mon amour, tu n'es pas égoïste et étroit, tu m'attaches à ces hommes par des liens plus forts ; tu vois tout, tu peux tout, tu es tout. Tu embrasses le monde. Ce n'est pas seulement ma Lucile que j'aime. C'est l'univers. A travers ses chers yeux, j'aime tous ceux qui aiment, qui souffrent, qui sont heureux, tout ce qui vit et meurt. J'aime. Je sens que la flamme qui est en moi fait bouillonner ce peuple, rougit ce ciel d'orient derrière cette Bastille. Toutes les ombres s'effacent. Celle-ci tombera aussi, cette ombre de cauchemar !...

CAMILLE rit, et fait un pied-de-nez à la Bastille

Le loup hurle. Grogne, montre les dents ! La meute t'a cerné ! Puisque le Roi aime la chasse, nous allons faire la chasse au Roi !

ACTE III

Mardi 14 juillet, l'après-midi.

La cour intérieure de la Bastille. (1) A gauche, la base
de deux tours énormes, dont le sommet est invisible, et
que relient entre elles d'épaisses murailles massives, qui se
dressent comme une montagne de pierre. En face, la porte
et le pont-levis donnant accès à la cour du Gouvernement.
A droite, un bâtiment à un étage adossé aux murailles
des autres tours.

Au lever du rideau, l'invalide Béquart et ses camarades
se tiennent dans la cour, avec trois canons. Vintimille,
commandant des Invalides, est assis, l'air indifférent et
ennuyé. — A tout instant, des Suisses vont et viennent par
le pont-levis, apportant des nouvelles du combat, qui se
livre en ce moment à l'autre porte de la cour du Gouvernement. — Au dehors, fusillade, tambours, et cris de
la foule. La fumée monte de temps en temps au-dessus des
murailles.

DE LAUNEY, gouverneur de la Bastille, arrivant de l'autre
cour, agité, nerveux

Eh bien, monsieur de Vintimille, vous le voyez,
ils attaquent, ils attaquent !

---

(1) La Bastille avait deux cours principales : la cour du Gouvernement, en dehors du grand fossé, séparée de la ville par un pont-
levis et deux corps de garde ; — et la cour intérieure, au pied des
murailles, entre les tours ; un fossé, un second pont-levis, et un
troisième corps de garde la séparaient de la cour du Gouvernement.

DE VINTIMILLE, *assis, d'un ton las et un peu ironique*

Eh bien, monsieur de Launey, laissez-les attaquer. Que nous importe? A moins qu'ils n'aient des ailes, comme messieurs Montgolfier, je les défie bien d'entrer.

LES INVALIDÈS, *entre eux*

Parbleu!

BÉQUART

Ah! les pauvres diables! on va les écraser. Ils y resteront tous. Ces salauds de Suisses tirent dessus tant qu'ils peuvent. C'est bien malin de fusiller des gens sans défense, quand on est soi-même à l'abri derrière de bonnes murailles!

UN INVALIDE

Aussi, quelle idée ont-ils de venir nous attaquer?

BÉQUART

On ne sait plus ce qui se passe dans leurs cervelles à tous. On n'y comprend rien : ce n'est plus de notre temps. Ils sont tous timbrés, surtout depuis un mois. — C'est égal, c'est malheureux de les maltraiter : c'est pas des mauvaises gens. Et c'est les nôtres.

UN INVALIDE

Dame, c'est l'ordre. Tant pire. Fallait pas qu'ils y aillent.

BÉQUART

Évidemment. — Et puis ça fait tout de même
plaisir d'entendre cette musique. Je ne croyais pas
que je verrais encore une bataille.

DE FLUE, commandant des Suisses, arrivant de l'autre cour

Monsieur le gouverneur, s'il vous plaît, faites
brûler les maisons voisines. Des toits, leur tir peut
plonger dans la cour du château.

DE LAUNEY

Non, non, je ne puis brûler des propriétés parti-
culières ; je n'en ai pas le droit.

DE FLUE

Guerre sans feu, andouille sans moutarde. Vous
êtes bien bon d'avoir ces scrupules. Quand on fait
la guerre, il faut ne s'arrêter à rien, ou ne se mêler
de rien.

DE LAUNEY

Quel est votre avis, monsieur de Vintimille ?

VINTIMILLE, haussant les épaules

Oh ! cela est indifférent. Faites comme vous
voudrez. Nulle crainte qu'ils entrent. Mais si vous
avez envie de profiter de l'occasion, pour déblayer
le quartier qui enserre la Bastille, et pour balayer

les braillards qui se sont donné rendez-vous autour,
ne vous gênez pas. De cette espèce, la graine n'est
pas rare. Agissez à votre gré : cela n'a aucune
importance.

DE LAUNEY

Attendons alors, puisque rien ne presse. Nous
sommes en nombre. Nous avons abondance de
munitions. Nous n'avons pas besoin d'en venir à
ces résolutions désespérées, n'est-ce pas, père
Béquart?

BÉQUART

Nous tiendrions là jusqu'au jugement dernier,
monsieur le Gouverneur. J'ai été sous M. de Che-
vert, à Prague, il y a quarante-sept ans. Le maréchal de Belle-Isle nous avait plantés là. Nous étions
une poignée en plein pays ennemi. Nous manquions
de tout. La ville même était contre nous. Jamais
on n'a pu nous en déloger, que de notre consente-
ment. Ici, nous n'avons affaire qu'à de la racaille,
des femmes et des boutiquiers ; nous sommes à
l'abri de solides murailles, à deux pas des troupes
du Champ de Mars et de Sèvres. Il n'y a qu'à fumer
sa pipe et à se croiser les bras.

DE FLUE

Aussitôt qu'on se tient coi, ces grenouilles de
Parisiens vous sautent sur les genoux. Jetez-leur

150

seulement quelques pierres, vous les verrez faire le
plongeon dans leur marais.

DE LAUNEY

Ne les exaspérons point.

DE FLUE

Oins le vilain, il te poindra. Dépends le pendard,
il te pendra.

BÉQUART

Ce sont de pauvres gueux, monsieur de Flue. Il
ne faut pas être trop dur. Ils ne savent pas bien ce
qu'ils font.

DE FLUE

Tonnerre ! S'ils ne le savent pas, je le sais, moi.
Cela suffit.

DE LAUNEY

Vous ne pensez qu'au succès de la bataille, monsieur de Flue. Mais pour moi, c'est une autre affaire.
Je dois songer aux conséquences. Toute la responsabilité repose sur moi. Sais-je ce qui plaît ou
déplaît à la Cour, ce qu'elle veut que je fasse ?

DE FLUE

Comment ! Vous ne savez pas où sont les ennemis
du Roi ? Si nous sommes ici, n'est-ce pas par l'ordre
de Sa Majesté, et si l'on nous attaque, n'est-ce pas
Elle qu'on attaque ?

151

DE LAUNEY

Personne n'est jamais sûr, avec l'indécision de Sa Majesté. Ses ennemis de la veille sont ses amis du lendemain. Je n'ai pas d'ordres, ou ils se contredisent. Les uns commandent : « Résistez jusqu'au bout ». Les autres : « Ne tirez pas ». Le prévôt Flesselles me fait dire en secret qu'il est avec moi, et qu'il amuse le peuple. Au peuple, il dit qu'il m'amuse, et qu'il est avec eux. Qui trahit-il ? Comment être certain qu'on ne mécontente pas la Cour, en croyant la servir, et qu'elle ne vous désavouera point ? Si elle voulait agir, n'en a-t-elle pas mille moyens ? Pourquoi M. de Breteuil, avec les troupes du Champ de Mars, ne vient-il pas prendre ces révoltés à dos ?

DE FLUE

Oh ! ce serait vraiment admirable. Quelle compote !

VINTIMILLE, à de Launey

Mon cher, soyez vainqueur, et vous aurez toujours raison.

Il va s'asseoir dans un coin de la cour à l'ombre.

BÉQUART, qui lui a porté son fauteuil

Monseigneur, vous n'avez pas votre entrain habituel des jours de bataille.

VINTIMILLE

Ils m'ennuient avec leurs discussions. — Montrant de Launey. Il ne sait jamais ce qu'il veut, il faut qu'il consulte tout le monde ; il fait des embarras de tout. Que viens-je faire entre cet indécis et cet entripaillé ? Sotte tâche qu'on m'a donnée là. Il n'y a ni plaisir ni honneur à retirer de pareils combats. Morigéner le peuple ! c'est une affaire de police. -

BÉQUART

Il n'est pas gai d'être forcé de tirer sur ces pauvres diables.

VINTIMILLE

Tu deviens sentimental ? C'est la mode du jour. — Il ne s'agit pas de cela. Peu me chaut cette canaille. — Écoute-les hurler. C'est répugnant. — Qu'est-ce qu'ils veulent ?

BÉQUART

Du pain.

VINTIMILLE

S'imaginent-ils que la Bastille est une boulangerie ? — Encore ! — Quelle âpreté ils y mettent ! Ils tiennent donc bien à vivre ? Je me demande quel intérêt ils peuvent trouver à leur gueuse d'existence, avec pour tout plaisir leurs vins aigres et leurs femmes mal lavées.

153

IX

Vous savez, monseigneur, si peu que ce soit, on tient toujours à ce qu'on a.

Vraiment ? Parle pour toi.

Oh ! vous, vous avez eu tout ce qu'on peut désirer.

Tu m'envies? Il n'y a pas de quoi, mon garçon.

Pas de quoi !

Cela t'étonne ? — Peuh ! tu ne peux pas comprendre. Ce n'est rien. C'est ce soleil de Juillet qui me rend hypocondre.

Monseigneur, on tire des maisons voisines. Ils sont là quelques-uns qui se sont juchés sur les toits.

Eh bien, abattez-les ! Ce n'est qu'un jeu pour des tireurs comme vous.

Au dehors, la voix de Hoche chante le refrain de la ronde du deuxième acte : « Liberté dans ce beau jour ».

Allons, avance ! devant le gouverneur !

Qu'y a-t-il ?

Mon commandant, nous avons cueilli celui-là, au moment où il sautait par dessus le mur d'enceinte.

Houp là ! nous y voici ! Je te l'avais bien dit, que tu entrerais la première !

La Bastille !

Qu'est-ce que cette plaisanterie ?
Un cercle s'est formé autour de Hoche et de l'enfant, les regardant curieusement.

Mon commandant, nous sommes des parlementaires.
Les soldats rient.

Étranges parlementaires !

Nous n'avons pas le choix. On vous fait des signaux ; vous ne voulez pas les voir. Nous avons sauté le mur, puisque c'était le seul moyen d'arriver à vous.

JULIE, allant vers les Suisses

Ah ! ce sont eux !

SUISSES

Qu'est-ce que tu veux, morveuse ?

JULIE

C'est vous, les prisonniers ?

SUISSES, riant

Les prisonniers ? — Mais non ! nous sommes ceux qui les gardent.

HOCHE

Va, tu ne te trompes pas de beaucoup. Ce sont aussi des prisonniers, et les plus à plaindre de tous ; car on leur a enlevé jusqu'au désir de la liberté.

DE LAUNEY

Qui est cette petite ?

HOCHE

Notre bon génie. Elle m'a supplié de venir avec moi. Je l'ai prise sur mon dos.

As-tu perdu le sens, que tu exposes cette enfant à la mort ?

HOCHE

Pourquoi ne partagerait-elle pas nos risques ? Elle est bien sûre de mourir, si nous mourons. — Ne jouez pas la pitié. Vos canons n'ont pas tant de scrupules.

VINTIMILLE, avec sa froideur dure et railleuse

Un soldat, un sous-officier déserteur ! c'est là le parlementaire que nous envoie cette canaille ! — C'est parfait. — Eh bien, fusillez-le : voilà sa mission remplie.

DE LAUNEY

Un instant. Il serait bon de savoir ce qu'ils veulent.

VINTIMILLE

Ils n'ont rien à vouloir.

DE FLUE

On ne parlemente pas avec des révoltés.

DE LAUNEY

Voyons toujours, cela ne coûte rien.

C'est indécent ; en tolérant une discussion avec ces rebelles, nous semblons les traiter sur un pied d'égalité.

DE LAUNEY

Quel manque de pudeur, ou quelle aberration t'a poussé à accepter cette mission ?

HOCHE

La pensée de servir mes amis et vous.

VINTIMILLE

N'as-tu pas conscience de tes actes ? Tu ne sais pas sans doute ce que c'est qu'un traître ?

HOCHE

Si, monseigneur. C'est celui qui porte les armes contre son peuple.

VINTIMILLE, hausse l'épaule et lui tourne le dos

Imbécile !

HOCHE

Je vous demande pardon. Je ne voulais pas vous insulter. Je venais en ami au contraire. On m'a dit que je serais fusillé. C'est possible. A vrai dire, cela m'étonnerait ; je viens tâcher de vous aider et d'arranger les choses. Mais si je devais l'être, eh

bien, vous connaissez le proverbe : Un beau mourir
toute la vie embellit.

DE LAUNEY

Ton message !

HOCHE, présentant une lettre

Du Comité permanent de l'Hôtel de Ville.

> De Launey prend la lettre et la lit à l'écart, avec les deux
> autres commandants. — Les Invalides ont pris Julie sur
> leurs genoux.

BÉQUART

Pourquoi voulais-tu venir, gamine ? Est-ce que
tu connais quelqu'un ici ?

JULIE

Plusieurs.

BÉQUART

Où donc ?

JULIE

Dans la prison.

BÉQUART

Tu as de jolies connaissances. Qui est-ce ? Des
parents ?

JULIE

Non.

BÉQUART

Comment se nomment-ils ?

JULIE

Je ne sais pas.

BÉQUART

Comment ! Tu ne sais pas ? — Comment sont-ils, alors ?

JULIE

Je ne pourrais pas bien dire.

BÉQUART

Ah ça ! tu te moques de nous, galopine ?

JULIE

Non, non, je les connais bien, je les ai vus. Seulement, c'est difficile à dire...

BÉQUART

Raconte.

JULIE

Maman habite rue Saint-Antoine, près d'ici. Les voitures qui vont à la prison passent, la nuit, devant notre maison. Je me lève souvent pour voir. Oh ! je les vois presque tous. Quelquefois pourtant, je n'ai pas pu, parce que je dormais, et quand je me réveillais, la voiture était passée.

BÉQUART

Qu'est-ce que cela peut avoir de curieux pour toi ?

160

JULIE

C'est qu'ils ont de la peine.

BÉQUART

C'est un triste spectacle que celui d'un malheureux. Pourquoi veux-tu les voir ?

JULIE, très naturellement

Parce que cela me fait de la peine.

UN INVALIDE, riant

Ha ! Ha ! Voilà une raison !

BÉQUART

Tais-toi donc, imbécile !

L'INVALIDE, d'abord irrité

Imbécile ? — Après avoir réfléchi, se grattant la tête. —
C'est vrai.

JULIE, qui s'est assise, en jouant, sur un canon

Vous ne tirerez pas sur nous, dites ? —
Ils ne répondent pas. — Dites que vous ne tirerez pas.
Je vous en prie. Je vous aime bien. Aimez-moi
aussi.

BÉQUART, l'embrassant

Bon petit torchon, va !

DE LAUNEY, qui a lu la lettre remise par Hoche, hausse les épaules

Ceci passe tout ! — Messieurs, l'étrange message qui m'est remis de la part de je ne sais quels bourgeois, qui s'intitulent Comité permanent, nous fait la demande saugrenue de partager la garde de la Bastille entre nos troupes et les bandes populaires. Les soldats s'esclaffent, les chefs s'indignent.

VINTIMILLE

Belle proposition !

HOCHE, à de Launey

Écoutez-moi, monseigneur. Empêchez le carnage. Ce n'est pas à vous que nous en avons, c'est à cet amas de pierres, à cette force malfaisante, qui pèse depuis des siècles sur Paris. La force aveugle n'est pas moins honteuse pour ceux qui l'imposent, que pour ceux qui la subissent. Cela révolte la raison. Vous qui êtes plus intelligents que nous, vous devez le sentir et en souffrir plus que nous. Aidez-nous donc au lieu de nous combattre ! La raison, pour qui nous luttons, est votre bien comme le nôtre. — Rendez la place de vous-mêmes ; n'attendez pas qu'on vous la prenne.

VINTIMILLE

La raison, la conscience, il en a plein la bouche.

— Ces singes de Rousseau ! — à de Flue. Mes compliments, vous nous avez fait un joli cadeau.

DE FLUE

Quel cadeau ?

VINTIMILLE

Votre Jean-Jacques. Vous auriez pu le garder en Suisse.

DE FLUE

Nous nous en serions bien passés nous-mêmes.

DE LAUNEY, à Hoche

Tu es fou. Où a-t-on vu que les plus forts vont, de gaieté de cœur, remettre leurs armes aux plus faibles ?

HOCHE

Vous n'êtes pas les plus forts.

DE LAUNEY

Tu comptes pour rien ces braves, vingt pièces de canon, vingt coffres de boulets, des milliers de cartouches ?

HOCHE

Vous pourrez tuer quelques centaines d'hommes. A quoi bon ? Il en reviendra des milliers.

DE LAUNEY

Nous serons secourus.

163

Vous ne serez pas secourus. — Vous pouviez l'être. Vous ne l'avez pas été. Un roi ne fait pas égorger son peuple. Ce ne serait pas seulement un assassinat, mais un suicide. Vous serez vaincus, je vous assure. Vous faites étalage de votre artillerie. Vous êtes habitués aux vieilles guerres, vous ne comprenez pas celle-ci. Vous ne savez pas ce que c'est qu'un peuple délivré. La guerre est un jeu pour vous, vous n'y croyez pas. Depuis Malplaquet, personne ne s'intéresse plus à la patrie. Vous étiez les amis des ennemis que vous combattiez. Vous vous réjouissiez des succès du roi de Prusse. La victoire n'est pas une nécessité pour vous. Nous, nous n'avons pas le choix. Il faut que nous vainquions. — Aux Invalides. Mes camarades, je vous connais bien, je vous respecte; vous êtes de fiers vieux gas. Mais quand vous vous battiez, c'était pour obéir à des ordres; vous ne savez pas ce que c'est que de se battre pour soi. — A Béquart. Vous-même, père Béquart, — nous vous aimons tous, nous honorons votre vaillance; — mais quand vous étiez à Prague, enfermés par l'ennemi, vous ne défendiez que votre peau. Nous, c'est notre âme, l'âme de nos fils, de tous ceux qui sortiront de nous. — Vous entendez ce peuple au pied de ces murs. Ce n'est là qu'une partie de nos forces. Des

millions d'êtres, tous les peuples à venir combattent
dans nos rangs, tout ce formidable invisible, qui
gagne les batailles.

DE FLUE

Tu nous ennuies. Nous allons balayer en quelques
volées de canon ces forces invisibles.

HOCHE

Ne tirez pas! Si vous tirez, vous êtes perdus.
Un peuple n'est pas une armée régulière. On ne
le déchaîne pas impunément.

VINTIMILLE, à lui-même, considérant Hoche

Quelle étrange espèce d'hommes! Comment cela
est-il sorti de nous, de notre France? — Ce sont des
Allemands. — Des Allemands? — Non pas. J'ai
connu des Prussiens plus français que celui-ci. Qui
nous a changé tout cela?

HOCHE

Songez qu'on peut encore s'entendre, que bientôt
vous ne le pourrez plus. Dès que vous aurez fait
couler le sang, rien ne l'arrêtera plus.

DE FLUE

Retourne tes conseils à tes amis.

HOCHE, haussant les épaules. — A Julie

Viens-t'en, pigeon de l'arche, on refuse ton rameau d'olivier. — Il remet Julie sur son épaule.

DE LAUNEY, à Hoche

Rien ne peut prendre la Bastille. Elle peut être livrée, non prise.

HOCHE

Elle sera livrée.

VINTIMILLE

Et qui la livrera?

HOCHE

Votre mauvaise conscience.

Hoche sort avec Julie, dans le silence général, sans qu'on pense à l'arrêter.

VINTIMILLE, réfléchissant

Notre mauvaise conscience...

DE LAUNEY, brusquement

Eh bien! pourquoi l'a-t-on laissé partir?

DE FLUE

Il est encore dans la cour.

DE LAUNEY

Courez après lui, rattrapez-le.

166

BÉQUART

Monseigneur, c'est impossible.

LES INVALIDES, grognant leur assentiment

C'est un parlementaire.

DE LAUNEY

Comment, impossible, coquin? Parlementaire
de qui? de quel pouvoir reconnu?

BÉQUART, gravement

Du peuple.

DE FLUE, aux Suisses

Arrêtez-le.

BÉQUART ET LES INVALIDES, aux Suisses

Non, camarades, pas cela! Vous ne l'arrêterez
pas!

UN SUISSE, voulant passer

C'est l'ordre.

BÉQUART ET LES INVALIDES

Vous ne passerez pas, ou vous aurez affaire à
nous.

VINTIMILLE, les observant, à part

Ah! ah! — Haut. C'est bon. — à de Launey. N'insis-
tons pas.

Monseigneur, il arrive une foule immense par la rue Saint-Antoine. Ils ont pris les Invalides. Ils traînent une vingtaine de canons.

DE FLUE

Sacrebleu ! il faut pourtant se décider ; ou notre situation, si bonne soit-elle, finirait par se gâter. Laissez-nous secouer cette vermine, ou nous serons rongés jusqu'à l'os.

DE LAUNEY

Qu'est-ce que cette fumée ?

UN SUISSE

Ils ont mis le feu aux bâtiments avancés.

DE LAUNEY

Les misérables ! Ils veulent une guerre sans pitié. Ils l'auront.

DE FLUE

Faut-il tirer ?

DE LAUNEY

Attendez.

DE FLUE

Que voulez-vous attendre encore ?

Monsieur de Vintimille ?

Je vous ai dit mon sentiment. Faites ce que vous voudrez. — Mais un conseil : quelle que soit votre décision, n'en changez plus.

Faites donc à votre gré, monsieur de Flue, et chargez-les.

La mauvaise conscience... Ce caporal qui se permet d'avoir une conscience... Il est plus riche que moi. Il y a longtemps que je ne sais plus ce que c'est que la conscience. Elle n'est ni bonne ni mauvaise. Elle n'est pas. — L'honneur, soit. — L'honneur ? Il consistait sous l'ancien Roi, quand on avait une femme ou une sœur présentable, à intriguer pour qu'elle couchât avec lui, ou à épouser la courtisane en titre, afin que cette basse denrée, sortie de la crasse des tripots, fût relevée par la saveur d'un nom aristocratique. — Laissons l'honneur tranquille. Je ne sais vraiment pas pourquoi je me bats ici. — Loyalisme ? Fidélité au Roi ? Nous sommes trop habitués à voir clair dans nos pensées, pour rester dupes des mots. Il y a longtemps que nous ne croyons plus au Roi. — Alors ? — Haussant les épaules. L'habitude, la convenance, le savoir-vivre ? — Oui, savoir qu'on est dans l'erreur, ne pas croire à ce qu'on fait, mais y apporter, jusqu'au bout, une correction et une élégance dont la précision méticuleuse sert à nous cacher l'absolue inutilité de tous nos actes. (1)

Grand brouhaha. Les Suisses se replient précipitamment de la cour extérieure, avec de Flue et de Launey.

LES SUISSES

Ils viennent !

VINTIMILLE

Quoi ? Ils viennent ? — Qui ? Le peuple ? — Impossible !

DE FLUE, sans répondre

Vite ! levez le pont ! — Tonnerre !

DE LAUNEY

Aux canons !

Les Suisses lèvent en hâte le pont-levis. Les Invalides roulent les canons en face de la porte. Immédiatement après, on entend la clameur de la foule se heurter et mugir comme un flot à l'enceinte de la cour, arrêtée aux fossés.

VINTIMILLE, stupéfait

Ils sont entrés ! Ils sont entrés vraiment ?

---

(1) Ce monologue est supprimé à la représentation.

Ouf! — Il était temps! — Gredins! — A Vintimille. Croiriez-vous qu'ils ont réussi à faire tomber le premier pont-levis! — Vous savez la maison du parfumeur qui est à côté de l'entrée? — Ah! sacrebleu! Je l'avais bien dit qu'il fallait brûler toutes ces tanières! — Ils étaient trois ou quatre sur le toit, des maçons, des couvreurs, ils se sont laissé glisser comme des singes sur le mur qui touche au corps de garde. On n'y faisait pas attention. Ils sont arrivés à la porte; ils ont brisé les chaînes du pont; le pont est tombé tout d'une masse, au milieu de cette foule, en écrasant une dizaine. Ç'a été un torrent. Ils se sont tous rués dessus. Écoutez-les hurler! — Ah! les canailles!

> Dans le tumulte des soldats et des officiers qui s'agitent au premier plan, on n'a pas aperçu d'abord un groupe de Suisses, au fond, près de la porte, avec une prisonnière.

LES SUISSES, amenant la Contat

Nous avons toujours fait une belle prise.

VINTIMILLE, saluant

Eh! mais, c'est vous, Contat? — Fidèle au rendez-vous. — Un casque d'argent sur vos cheveux blonds, un fusil à la main, vous semblez la déesse Liberté elle-même! — Vous êtes donc venue voir, curieuse? Vous serez mieux ici pour tout regarder sans risques. — Il lui tend la main; elle hésite à la prendre.

Vous ne me donnez pas la main ? Nous étions bons
amis, il n'y a pas si longtemps. Ne le sommes-nous
pas encore ? — Elle se décide à lui donner la main. Eh bien,
qu'avez-vous donc ? Vous me fixez avec vos grands
yeux, vous avez l'air interdite, vous ne dites mot.
Vous avez eu peur ?

LA CONTAT

Pardon, je vous demande pardon. Mais je ne sais
plus où j'en suis en ce moment, si je dois vous
regarder comme ami, ou comme ennemi.

VINTIMILLE

Comme ennemi ? pourquoi donc ? — Quoi ? tout
de bon, vous nous combattiez ?

LA CONTAT

Vous savez, je ne suis pas faite pour être specta-
trice, je joue toujours les premiers rôles.
Elle montre son fusil, qu'un Invalide lui enlève sur un
signe de Vintimille.

VINTIMILLE

Vous étiez lasse de jouer la comédie, vous avez
voulu passer au drame. — Mais savez-vous, ma
belle, que votre petite équipée risque de vous
coûter quelques mois de Fort-l'Évêque ?

LA CONTAT

Je risquais davantage.

172

Voyons, ce n'est pas sérieux, Contat ? Vous, avec ces hurleurs ? — Il l'examine de la tête aux pieds. Pas de rouge, pas de mouches. Les mains noires. La figure luisante de sueur. Les cheveux mouillés, collés aux joues. Les seins haletants. Crottée jusqu'aux genoux. Noire de boue et de poudre. — Fi ! — Qu'est-ce qui vous a pris ? Je vous connais bien pourtant. Vous n'aimiez pas plus que moi cette racaille.

Oui.

Une amourette alors ? — Il est là, dans cette foule ?

Oui, je croyais cela aussi. — Mais non, c'est autre chose encore qu'un amour.

Alors ?

Je ne sais pas. Je ne puis vous dire au juste pourquoi je me battais ; mais je le sentais tout à l'heure : j'aurais été prête à vous égorger.

Vous exagérez toujours.

173

Je ne ris pas, je vous assure.

VINTIMILLE

Mais, Contat, vous avez du bon sens pourtant,
vous n'agissez pas sans savoir ce que vous faites?

LA CONTAT

Non, ce n'est pas sans raison, mais je ne puis plus
dire quelle raison, en ce moment. Tout à l'heure,
cela était si net et si fort!... Voyez-vous, les senti-
ments de ce peuple se répercutent en moi, avec une
intensité singulière. A présent que je suis séparée
de lui, je suis toute désorientée.

VINTIMILLE

Vous étiez folle, simplement. Convenez-en.

LA CONTAT

Non, non, je suis sûre qu'ils ont raison.

VINTIMILLE

Raison de se révolter contre le Roi, de tuer de
braves gens, et de se faire tuer pour rien?

LA CONTAT

Ce n'est pas pour rien.

Oh ! je le pense bien ! c'est pour les écus de
M. d'Orléans.

LA CONTAT

Mon cher, vous n'avez pas changé depuis le
temps où je vous connus : vous cherchez toujours
de petits motifs aux choses.

VINTIMILLE

Je n'appelle pas l'argent un si petit motif pour
des gueux qui n'ont rien. En savez-vous de plus
fort ?

LA CONTAT

La Liberté.

VINTIMILLE

Qu'est-ce que cela ?

LA CONTAT

Tu me gênes avec ton regard ironique. Quand
tu me regardes, je ne sais plus ce qu'il faut dire. —
Et quand je le saurais, je ne le dirais pas. Je sens
que cela ne servirait à rien. Tu ne peux pas comprendre. — Écoute au moins, et regarde.

LE PEUPLE, au dehors

Nous voulons la Bastille !

VINTIMILLE, froidement

Oui, c'est curieux, c'est curieux.

DE LAUNEY, consterné

Qu'est-ce qu'ils ont donc qui les pousse, ces imbéciles ?

LES INVALIDES, regardant avec intérêt et sympathie, par les meurtrières pratiquées dans le tablier du pont-levis

Des femmes. Des curés. Des bourgeois. Des soldats. Tiens, notre gamine là-bas, à cheval sur le cou de Hulin ; elle agite ses petites jambes ; elle se démène comme un diable !

VINTIMILLE, dédaigneux

Les brutes ! La vie leur sort par tous les pores. Ils crèvent de vie. — C'est à vous dégoûter de vivre.

DE FLUE, causant avec les Suisses

Cela va bien. Maintenant ils sont dans une souricière, enfermés entre les murs du château. Des tours, nous les dominons.

DE LAUNEY

Déblayez la cour ! Écrasez-les !

De Flue avec les Suisses rentre, au pas de course, dans la Bastille, par la porte des tours.

BÉQUART ET LES INVALIDES, *murmurant*

Cela va être une boucherie. Ils sont à peine armés. Et ces enfants !...

LE PEUPLE

Nous voulons la Bastille !

La Contat et Vintimille n'ont pas suivi l'entretien de de Flue et de Launey. La Contat est tout entière occupée de la foule dont les cris font rayonner son visage.

LA CONTAT, *criant au dehors*

Courage ! Je l'ai prise avant vous ! Je suis entrée la première !

VINTIMILLE

Tais-toi, tête d'oiseau !

LA CONTAT

Mettez-moi en prison ! J'y ai droit.

On entend un roulement de tambour.

BÉQUART ET LES INVALIDES, *regardant au dehors*

Ils demandent encore à parlementer. Ils agitent des mouchoirs. Ils nous font des signaux.

VINTIMILLE, *regardant*

Le procureur de la ville marche à leur tête.

DE LAUNEY

Voyons ce qu'ils veulent.

177

x

VINTIMILLE

Cessez le feu!

> Les Invalides renversent leurs fusils. On entend le tambour se rapprocher du fossé. Vintimille et quelques Invalides montent à droite de la porte, vers une échancrure de la muraille, d'où ils dominent les assaillants.

VINTIMILLE, au peuple

Que voulez-vous?

> Au même moment, une décharge de coups de fusil et de canon part du haut des tours.

VINTIMILLE, se retournant

Sacrebleu! qu'est-ce qu'ils font donc?

LES INVALIDES ET DE LAUNEY, atterrés

Ce sont les Suisses qui tirent de là-haut!
— Arrêtez! Arrêtez!

> Quelques-uns courent à la porte des tours, et rentrent pour avertir les Suisses.

VINTIMILLE, redescendu dans la cour

Trop tard! — Ah! ils ont fait de bel ouvrage! Entendez ces cris! — Ils n'ont pas manqué leurs coups. — Le peuple croit que nous l'avons attiré dans un guet-apens.

> Le peuple hurle au dehors, de douleur et de fureur.
> Vintimille se retourne, et voit la Contat, qui est venue derrière lui, et dont le visage, brusquement transformé, est devenu haineux et terrible.

178

VINTIMILLE, saisi

Qu'avez-vous, Contat?

> La Contat ne répond pas, mais se jette tout à coup sur l'épée de Vintimille, l'arrache du fourreau, et veut l'en frapper. Les Invalides lui prennent les mains, la maintiennent malgré ses violents efforts.

VINTIMILLE, sans comprendre

Vous vouliez me tuer?

> La Contat, sans parler, fait signe furieusement que oui. Elle le dévore des yeux avec une fixité féroce, et ne peut articuler un seul mot jusqu'à la fin de la scène; mais elle tremble convulsivement, et halète comme une bête.

VINTIMILLE, troublé

Vous perdez la raison... Que s'est-il passé? Je ne vous ai rien fait... On a agi contre nos ordres. Vous l'avez vu vous-même... Me reconnais-tu bien, Contat?... Elle fait signe que oui... Quoi! tu me hais vraiment?... — Même jeu. Parle-moi, parle-moi, ne peux-tu parler?...

> Il veut la toucher; elle fait un mouvement furieux pour se retirer, se débat contre les soldats qui lui tiennent les poignets, et finit par tomber en arrière, convulsée, dans une sorte de crise épileptique, l'écume à la bouche, et hurlante. — On l'emporte, on l'entend crier sauvagement au loin. — Au dehors, le peuple pousse des cris de mort.

DE LAUNEY, atterré

C'est une bête... On ne la reconnaît plus.

VINTIMILLE

Ce n'est pas elle. C'est quelque chose d'étranger qui s'est glissé en elle, une âme ennemie, le poison

179

de cette foule, cette folie inconnue ! — Pouah ! tout
cela me dégoûte, ces fureurs que je ne comprends
pas, ce vent de bestialité qui semble sortir des
sauvages lointains de l'humanité ! — Les Suisses redes-
cendent des tours avec de Flue.

DE LAUNEY, éperdu, va au devant de de Flue

Qu'avez-vous fait? Qu'avez-vous fait?

DE FLUE, furieux

Sacredié ! J'ai fait ce que vous m'avez dit ! Vous
me donnez l'ordre de les écraser. Je m'en acquitte
en conscience. Maintenant, il paraît que vous avez
changé, et que le vent souffle à la paix. Qui diable
voulez-vous qui s'y reconnaisse?

DE LAUNEY

Nous sommes perdus maintenant !

DE FLUE

Perdus?
Il hausse les épaules, et fait signe aux Suisses d'avancer
les canons jusqu'à l'entrée de l'autre cour.

BÉQUART ET LES INVALIDES

Qu'est-ce que vous faites?

LES SUISSES

En trois volées de canon, la cour sera vidée.

Vous n'allez pas tirer ?

LES SUISSES

Et pourquoi pas ?

BÉQUART

Dans cette foule ? Ce serait un massacre abominable !

LES SUISSES

Qu'est-ce que ça nous fait ?

BÉQUART

Ça fait que ce sont nos parents, des Français comme nous. Ça fait que vous allez replacer ce canon où vous l'avez pris, et qu'on ne tirera pas.

LES SUISSES

Allons, place, débris ! Veux-tu nous laisser passer ? — Ils bousculent Béquart.

LES INVALIDES

Ah ! canailles d'Allemands !

Ils croisent la baïonnette.

LES SUISSES

Jette-le par terre ! — Ces moitiés d'hommes, ces vieux restes ! — Cela croit nous faire peur !

BÉQUART

Si tu avances, je tire.

Il les couche en joue. — Vintimille et de Flue se jettent au milieu d'eux.

DE FLUE

Bas les armes ! — Bas les armes ! — Tonnerre !

Il tombe sur eux à coups de canne.

VINTIMILLE

Quels chiens enragés !

DE LAUNEY, désespéré

Eux aussi, se révoltent ! Ils ne veulent plus se battre ! — Ah ! tout est perdu !

Il court vers la citadelle, et veut rentrer.

VINTIMILLE, l'arrêtant

Où allez-vous ?

DE LAUNEY, hors de lui

Mourir ! Mais ils mourront avec nous !

VINTIMILLE

Que voulez-vous faire ?

DE LAUNEY

Dans les caves... La poudrière... Des milliers de tonnes de poudre... Je vais y mettre le feu !...

182

Vous ne ferez pas cela !

LES INVALIDES, protestant

DE LAUNEY

Je le ferai !

VINTIMILLE

Faire sauter un quartier de Paris ? — Mais c'est de l'héroïsme ! — Non, ma foi, c'est trop ridicule ! — On ne peut faire cela que quand on croit à quelque chose. Mais pour rien, c'est absurde. Il faut être bon joueur, et ne pas renverser l'échiquier, quand on perd.

DE LAUNEY

Mais que faire ?

LES INVALIDES

Capituler !

DE LAUNEY

Jamais !... Jamais !... Le Roi m'a confié la Bastille. Je ne la livrerai pas !

Il veut rentrer. — Les Invalides le prennent à bras le corps.

LES INVALIDES, à Vintimille

Monseigneur, commandez-nous !

VINTIMILLE, froidement

M. le Gouverneur est malade. Conduisez-le dans ses appartements, et prenez soin de lui.

DE LAUNEY, se débattant

Traîtres ! Lâches !

On l'emmène.

VINTIMILLE, à part

J'ai été un sot de me laisser prendre aussi gau-
chement dans ce guêpier. Rien à faire. Il s'agit de
tirer sa carte du jeu le plus galamment possible. —
Haut. Monsieur de Flue.

DE FLUE

Que voulez-vous ?

VINTIMILLE

Rédigeons, s'il vous plaît, le texte de la capitulation.

DE FLUE

Des écritures ? merci, je ne m'en mêle point.

Il lui tourne le dos.
Vintimille écrit, appuyé sur un canon.

UN SUISSE, à de Flue

Ils vont nous massacrer.

DE FLUE, flegmatiquement

Peut-être bien.

Il s'assied sur un tambour et allume sa pipe.

Damnée chaleur ! Est-ce qu'on ne pourrait pas boire ?

La chèvre a pris le loup.

Je demande leur parole qu'il ne sera fait de mal à personne.

Cela ne nous coûte rien de demander.

Ni à eux de promettre. — Il va à de Flue. Voulez-vous signer ?

Belles façons de se battre ! — Après tout, c'est leur affaire.

Le difficile n'est pas d'écrire, c'est de se faire lire par eux.

LES INVALIDES

Ils sont enragés ; ils ne laissent approcher personne.

BÉQUART

Donnez-moi le poulet.

LES INVALIDES

Tu vas te faire tuer, Béquart.

BÉQUART

Qu'est-ce que ça me fait ? Ce n'est pas pour me sauver que je capitule.

SUISSES

Et pourquoi donc alors ?

INVALIDES, montrant le peuple

Pour les sauver, parbleu ! — Entre eux, avec mépris. Ils ne comprennent rien.

Béquart va vers la porte.

INVALIDES, à Béquart

Comment feras-tu pour leur passer le papier ?

BÉQUART, montrant sa pique

A la pointe de ma broche.

VINTIMILLE, se retournant vers les tours

Hissez le drapeau blanc !

186

INVALIDES, *criant*

Eh ! là haut ! le drapeau !

*La porte s'ouvre. Béquart monte vers l'échancrure du mur,
à droite du pont-levis.*

BÉQUART, *agite les bras, et crie*

Capitulation ! Capitulation !

*Il est reçu par une tempête de vociférations, et pár des
coups de fusil. Il chancelle, et crie, furieux, montrant le
poing.*

Cochons ! c'est pour vous ! pour vous !

LES INVALIDES, *massés auprès du pont-levis, regardant
par les meurtrières, et criant*

Ne tirez pas ! ne tirez pas !

*Au dehors, des voix crient aussi : « Ne tirez pas ! » Un mur-
mure : « La capitulation ! La capitulation ! » gagne de
proche en proche. — Des voix indistinctes discutent. —
Puis, après un instant, le silence se fait.*

LES INVALIDES, *regardant*

Hoche et Hulin courent devant le peuple et
abaissent les fusils. — Ils comprennent. Ils s'ar-
rêtent. — Ils viennent près du fossé.

BÉQUART, *penché de tout son corps sur le mur, tend la
capitulation au bout de sa pique, par-dessus le fossé*

Bougre ! dépêchez-vous ! je n'ai pas le temps d'attendre.

LES INVALIDES, *regardant*

Hulin apporte une planche. Il la jette sur le fossé.
— En voici un qui passe. Il trébuche. Il tombe...
Non. Il s'est rattrapé.

BÉQUART, haletant

Allons donc ! allons donc !

LES INVALIDES

Il touche la pique. Il a pris le papier...

BÉQUART, se redressant

C'est fait... — Regardant le peuple. Salauds ! — Il lève
les bras et crie : Vive la nation !

Il tombe en arrière.

LES INVALIDES

Ah ! les bougres ! ils l'ont tué !

Deux d'entre eux vont chercher le corps et le rapportent au
milieu du théâtre ; ils le déposent aux pieds de Vintimille,
assis et impassible.

VINTIMILLE, regardant Béquart mort, avec un mélange
d'ironie et de sympathie

Il reste 'le savoir-vivre ? — Le savoir-ne-plus-
vivre...

LES INVALIDES, prêtant l'oreille

Écoutez !

On entend crier du dehors, et les Invalides répètent
La capitulation est acceptée !

VINTIMILLE, indifférent

Prévenez M. le Gouverneur.

Monseigneur, il a perdu la tête, il brise tout dans sa chambre, il crie et pleure comme un enfant.

VINTIMILLE, haussant les épaules

Allons. Je prendrai donc sa place jusqu'au bout. — A lui-même, ironique, un peu amer. Je ne me doutais pas que j'aurais un jour l'honneur de faire tomber, avec les quatre siècles de ces murailles, la royauté de France aux mains des avocats. Voilà une belle tâche. Faquin de sort ! Peuh ! — Rien n'est rien, tout est indifférent, tout passe, tout finit. Il ne s'agit que de n'être point dupe, et de mépriser les choses et soi-même. La mort arrange tout. Adieu vat ! — Nous allons leur servir un peu de comédie, un grand air pour finir. — Haut. A vos rangs ! Formez la haie !

La garnison se range dans la cour, les Invalides à droite, les Suisses à gauche. Le plus grand ordre. De Flue, debout. Vintimille se lève, appuyé sur sa canne.

La crosse en l'air ! — Messieurs, je dois vous avertir que, malgré mes précautions, il y aura peut-être des surprises, quand l'ennemi sera entré. Vous savez que ce n'est pas une armée disciplinée. Mais s'ils manquent aux convenances; ce n'est qu'une raison de plus pour que nous y restions fidèles. — Messieurs les Suisses, au nom du Roi, je vous remercie de votre obéissance. Vous y avez plus de

189

mérite que les autres. Tournant la tête vers les Invalides, souriant légèrement. Quant à vous, nous nous comprenons.

DE FLUE, flegmatique

Bah ! C'est la guerre.

Un Invalide siffle : « Où peut-on être mieux qu'au sein de sa famille ? »

VINTIMILLE, se tournant vers lui, avec un geste un peu dédaigneux

Chut ! Montre moins ta joie. C'est indécent, mon ami.

L'INVALIDE

Monseigneur, c'est malgré moi.

VINTIMILLE, avec un sourire méprisant

Te voilà bien fier d'être battu !

L'INVALIDE, avec chaleur

Nous ne sommes pas battus ! — Jamais ils n'auraient pris la Bastille, si nous n'avions voulu qu'ils la prissent.

Ses compagnons l'approuvent.

VINTIMILLE, même jeu

Tu vas dire que c'est nous qui avons pris la Bastille ?

L'INVALIDE

Il y a du vrai là-dedans.

VINTIMILLE

Au fait. — A ton poste. — Après un silence, haut.
Ouvrez la porte. — Baissez le pont-levis.

> Quelques hommes ouvrent la porte, et baissent lentement le pont-levis, devant les vociférations grandissantes de la foule.

VINTIMILLE, méprisant

Voici donc le nouveau Roi !

> Le pont-levis est baissé. — Une clameur formidable éclate. Une marée humaine se rue à l'ouverture de la porte, têtes fourmillantes et hurlantes, hommes et femmes avec des fusils, des piques et des haches. Au premier rang, Gonchon, poussé, agite un sabre et crie. — Hoche et Hulin se débattent en vain pour les calmer. — Des cris de mort et de victoire.

VINTIMILLE, se découvre

Messieurs, la Canaille.

QUELQUES INVALIDES, agitant leurs chapeaux, pris d'un
brusque transport

Vive la Liberté !

VINTIMILLE

Eh ! messieurs, par pudeur !

LES INVALIDES, plus fort, avec un enthousiasme débordant

Vive la Liberté ! — Ils se débarrassent de leurs fusils, et se jettent dans les bras du peuple.

191

Eh! pauvre raison humaine, comme tu es peu solide! — Adieu, monsieur de Vintimille. — *Il brise son épée.*

Gonchon, égaré, hors de lui, poussé par le peuple, — la vieille fruitière, — et une tourbe de furieux se jettent sur Vintimille, de Flue, et leurs soldats, les enveloppent, les entraînent, les repoussent hors de la scène, avec des cris sauvages.

GONCHON

Étripons-les!

LA VIEILLE

Ah! chiens d'aristocrates!

LE PEUPLE

Ces canailles de Suisses! — Et ceux-ci, je les reconnais! Le régiment des éclopés! — Ha! l'ennemi! Tue-les! — Ils ont tiré sur nous!

Hoche et Hulin, qui veulent arrêter la foule, sont balayés par elle, et violemment jetés contre un mur. (1)

HOCHE

Arrête! Arrête!

HULIN

Impossible! On arrêterait plutôt la Seine débordée.

HOCHE

Tu es blessé?

____

(1) La scène de massacre qui suit est supprimée à la représentation, jusqu'à l'arrivée de Julie.

HULIN, avec un rire

Sais-tu par qui ? Par Gonchon !

HOCHE

Ce lâche !

HULIN

Il est féroce, maintenant. Le plus lâche chien
mord, quand on veut lui arracher l'os qu'il mange.
Regarde-le là-bas.

HOCHE

Le monstre !

HULIN

Et la Contat s'escrimant avec sa pique, et la
vieille, coupant la gorge à Vintimille abattu !

HOCHE, hors de lui, frappant à droite et à gauche pour passer

Je les tuerai !

HULIN

Tu ne passeras pas, tu ne passeras pas, je te
dis !

HOCHE, repoussé par la foule

Les malheureux !

HULIN

Ne savais-tu pas cela ? — Bah ! Ce n'est pas nous
qui avons fait les hommes.

L'Invalide qui se sauve ! Tape dessus !

DESMOULINS

Le vieux monstre sans pattes ! Enlevez l'épouvantail ! A l'eau, la cour des Miracles !

HOCHE, saisissant à la gorge Desmoulins

Tais-toi !

DESMOULINS, stupéfait

Quoi ?

HOCHE

Tu es ivre !

DESMOULINS, ne comprenant pas

Ivre ?... Mais je... je...

HOCHE

Tu es ivre de sang. Tais-toi !

DESMOULINS, se passant la main sur le front

Oui... oui... tu as raison. — Il s'assied sur une borne.

HULIN

Aide-nous !

LE PEUPLE, faisant place à Marat

Vive Marat !

MARAT

Eh ! mes enfants, que faites-vous donc ?

Tuez! Tuez!...

MARAT

Les tuer! Qu'en voulez-vous faire? Voulez-vous les manger? — Une partie du peuple rit.

HULIN

Il sait le bon moyen. Il faut les amuser.

HOCHE

Où est la petite?

HULIN

La petite? — Hoche court chercher Julie.

DESMOULINS, s'élançant

Arrêtez, camarades, vous tuez les prisonniers!

LE PEUPLE, interdit

Les prisonniers?

DESMOULINS

Les prisonniers de la Bastille. — Regardez leurs sarraux gris! Ce sont ceux que nous venons délivrer.

LE PEUPLE, incertain

Mais non, ce sont les ennemis.

HULIN

Il n'y a plus d'ennemis.

JULIE, paraissant, debout sur la grande porte de la Bastille, que
tiennent sur leurs épaules quelques hommes du peuple, —
tend les bras, un rameau vert à la main, et crie

Grâce pour nos amis, nos amis les ennemis !

LE PEUPLE, riant

Entends-tu cette petite ?

DESMOULINS

La petite pucelle qui foule de ses pieds nus la
porte de la Bastille, le despotisme vaincu !

HOCHE

Crie, petite : Tous frères, tous amis !

JULIE

Frères ! Frères !

LE PEUPLE

Tous frères, elle a raison !

LES INVALIDES

Vive le peuple !

LE PEUPLE

Vive la vieille gloire !

LES INVALIDES, à Julie

Petite, tu nous sauves !

LE PEUPLE

Mais c'est elle aussi qui vous a vaincus, camarades. C'est ce petit atome qui a pris la Bastille!

MARAT

Tu es notre bonne conscience!

LE PEUPLE

Tu es notre petite Liberté!

> Ils tendent les bras vers elle. Les femmes lui envoient des
> baisers. Elle ferme les yeux, sourit, et tremble.

HOCHE, frappant sur l'épaule de Hulin, qui partage l'émotion de
la foule

Eh bien, Hulin?... Éternel douteur, es-tu enfin
convaincu?

HULIN, s'essuie les yeux. — Entêté

Oui... quoique...

> Les rires de Hoche et du peuple coupent sa phrase. Il s'in-
> terrompt et rit plus fort que les autres. Il regarde autour
> de lui, voit dans une niche, à l'entrée de la cour, dans le
> mur de la Bastille, la statue du Roi. Il va brusquement à
> elle et la saisit.

Nom de Dieu! — A bas, toi! Fais place à la
Liberté! — Il la jette à terre, enlève dans ses bras la petite Julie,
et la pose dans la niche, à la place de la statue. Ma force se
réveille et prend conscience d'elle-même. La Bastille terrassée!... J'ai fait cela, moi! Nous avons
fait cela! — Nous en ferons bien d'autres! Nous

allons nettoyer les écuries d'Augias, purger la terre
des monstres, étouffer dans nos bras le lion de la
royauté. Notre poing va battre le despotisme, comme
le marteau l'enclume. Hardi, compagnons, forgeons
la République ! — Force trop longtemps comprimée,
qui fais craquer ma poitrine, éclate, déborde !
Roule, torrent de la Révolution !

LA VIEILLE FRUITIÈRE, à cheval sur un canon, un fichu
rouge autour de la tête

Au Roi ! — Voilà mon cheval ! Je l'ai pris. Je vas
atteler l'animal à ma petite voiture, et nous allons
à Versailles faire visite au gros Louis. J'en ai long
à lui dire. Bon Dieu ! depuis des siècles que
j'amasse là-dedans misère sur misère, et patience
sur le tout, — j'étouffe : il faut que je dégorge.
Bonne bête qui me résignais, qui croyais nécessaire de souffrir, pour le plaisir des riches ! Voilà
que je comprends maintenant ! Je veux vivre, je
veux vivre ! Malheur que je sois si vieille ! Bon
sang ! Je veux regagner le temps que j'ai perdu ! —
Hue ! ma belle, à la Cour !

Elle passe, poussée sur son canon par des hommes du
peuple, jambes nues, avec des casques et des armures.

LE PEUPLE

A la Cour ! A Versailles ! — Oui, nous avons trop
souffert ! Nous voulons le bonheur ! Nous prendrons
le bonheur !

198

La forêt de la Liberté a surgi des pavés. Les rameaux verts ondoient au vent. Le vieux cœur de Paris refleurit. Voici le printemps !

Libres ! Le ciel est libre !

Soleil, tu peux dormir, nous n'avons point perdu notre journée.

Ses feux mourants rougissent les vitres du château, les rameaux balancés, et la houle des têtes, et la petite Liberté.

Le ciel sonne la guerre.

Comme Celui qui entra, il y a dix-sept cents ans, au milieu des rameaux, cette petite fille n'est pas venue parmi nous pour apporter la paix.

DESMOULINS

Il y a du sang sur nous.

ROBESPIERRE, avec un fanatisme concentré et brûlant

C'est le nôtre.

LE PEUPLE, surexcité

C'est le mien!... C'est le mien!... Nous te l'offrons, Liberté !

DESMOULINS

Au diable notre vie ! Les grands bonheurs s'achètent.

HOCHE

Nous sommes prêts à payer.

ROBESPIERRE, concentré

Nous paierons.

LE PEUPLE, enthousiaste

Nous paierons !

Des rondes s'organisent autour de la Liberté. Musique.

LA CONTAT, au public

Rire, rire, amour ! La Joie est avec nous. Joie d'être un avec tous, joie d'aimer avec tous, joie de souffrir avec tous ! Donnons-nous la main ! Formons des danses fraternelles ! Chante ! car c'est ta fête, ô peuple de Paris !

200

MARAT

Cher peuple, il y a si longtemps que tu peines,
que tu luttes en silence! Tant de siècles de souffrances pour arriver enfin à cette heure d'allégresse!
La Liberté t'appartient. Garde bien ta conquête!

DESMOULINS, au public

Et maintenant, à vous! Achevez notre ouvrage!
La Bastille est à bas : il reste d'autres Bastilles.
A l'assaut! A l'assaut des mensonges! A l'assaut de
la Nuit! L'Esprit vaincra la Force. Le passé est
brisé. La mort est morte!

HULIN, à Julie

O notre Liberté, notre lumière, notre amour!
Que tu es petite encore, délicate et fragile! Pourras-
tu résister aux tempêtes prochaines? Grandis,
grandis, chère petite plante, monte droite et vigoureuse, et réjouis le monde de ton souffle de prairie!

HOCHE, le sabre à la main, monte sur un gradin, au pied de la
niche où se tient la petite Liberté

Sois tranquille, Liberté, à l'abri de nos bras!
Nous te tenons. Malheur à qui te touche! Tu es à
nous, nous sommes à toi. Tout ce qui est à nous est
à toi. A toi, ces dépouilles, ces trophées!

Les femmes jettent des fleurs à la Liberté. Les hommes
inclinent devant elle leurs piques, leurs bannières, leurs
rameaux verts, les trophées de la Bastille.

Mais ce n'est pas assez : nous te ferons un immortel

triomphe. Fille du peuple de Paris, tes yeux clairs rayonneront pour les peuples asservis. Nous allons promener à travers l'univers le niveau redoutable de l'Égalité. Nous conduirons ton char, au milieu des batailles, par le sabre, par le canon, vers l'Amour, vers la Fraternité du genre humain. — Frères ! tous frères ! tous libres ! — Allons délivrer le monde !

Les épées, les lances, les branches d'arbres, les mouchoirs, les chapeaux et les bras s'agitent, au milieu d'acclamations et de sonneries de trompettes. Le peuple forme des rondes autour de la Liberté.

VARIANTES

POUR LA REPRÉSENTATION AU THÉATRE GÉMIER

ACTE PREMIER

Voir page 83

Un cortège s'organise avec un ordre bizarre et solennel.

HOCHE, montrant le peuple à Hulin

Eh bien, Hulin, es-tu convaincu maintenant?

HULIN

C'est absurde... Cette foule en désordre, qui va attaquer une armée... Ils vont se faire massacrer. Cela ne
rime à rien. — Il suit la foule.

HOCHE

Où vas-tu?

HULIN

Avec eux, naturellement.

Ils rient et vont se mettre à la tête du peuple. — Tout à coup, la vieille
marchande arrive en battant du tambour.

LE PEUPLE

En avant!

Une clameur formidable s'élève.

UN GUEUX

Du recueillement, camarades ! point de désordre !

LE PEUPLE, à mi-voix

Oui. Du recueillement ! Faites silence !

UN HOMME DU PEUPLE

Chapeaux bas !

Il se découvre. Tous l'imitent. La foule chuchote, — et se tait.

L'HOMME DU PEUPLE, à mi-voix

En avant.

Roulement lugubre de tambour. Le peuple se met en marche. — Silence.

ACTE II

Voir page 101

ROBESPIERRE, entrant

Sacrilège, qui ose porter la main sur un fondateur de
la Liberté!

DESMOULINS

Ah! Robespierre! — Merci.

GONCHON, lâchant Desmoulins

A part. Un député! au diable! — Haut. C'est bon. Je
suis chargé de défendre l'ordre. Je maintiendrai l'ordre
malgré tout.

ROBESPIERRE

Viens avec moi, Camille. Nos amis se réunissent
cette nuit, dans cette maison.

Il montre la maison de gauche, au premier plan.

DESMOULINS, à part

D'ici, je verrai la fenêtre de Lucile.

Ils s'approchent de la maison, à la porte de laquelle, dans un renfoncement obscur, un homme en chemise, jambes nues, un fusil sur
l'épaule, fumant sa pipe, monte la garde.

L'HOMME EN FACTION

Qui êtes-vous?

ROBESPIERRE

Robespierre.

L'HOMME

Connais pas.

ROBESPIERRE

Député d'Arras.

L'HOMME

Montrez votre carte.

DESMOULINS

Desmoulins.

L'HOMME

Le petit à la cocarde? Passez, camarade.

DESMOULINS, montrant Robespierre

Il est avec moi.

L'HOMME

Allons, passez aussi, citoyen Robert Pierre.

DESMOULINS, fat

Admire, mon ami, le pouvoir de l'éloquence.
Robespierre le regarde, sourit amèrement, soupire, et le suit sans parler.

GONCHON, s'approchant de l'homme en faction

Qu'est-ce encore que celui-là?

L'HOMME

Au large !

GONCHON

Comment, coquin? Que fais-tu là?

L'HOMME, emphatique

Je veille sur la nation, sur la pensée de la nation.

GONCHON

Qu'est-ce qu'il raconte? As-tu des papiers? Qui t'a chargé de ce soin?

L'HOMME

Moi.

GONCHON

Veux-tu rentrer chez toi!

L'HOMME

Je suis chez moi ici. Mon chez moi, c'est la rue. Je n'ai pas de maison. Rentre chez toi toi-même, bourgeois. Ote-toi de mon pavé!

Il s'avance vers lui, d'un air menaçant.

GONCHON

C'est bon. Pas de querelles. — Je ne perdrai pas mon temps à me colleter avec un ivrogne. Cuve ton vin, soûlard. — Et nous, continuons notre ronde. — Ah! les gueux! on n'en viendra jamais à bout! On a beau avoir l'œil ouvert; les barricades sortent de terre, comme des champignons; et toutes les rues sont pleines de ces fainéants, qui ne pensent qu'à se battre. Si on les laissait faire, morbleu! il n'y aurait plus de roi demain.

Il sort avec ses hommes.

L'HOMME EN FACTION

Regardez-moi ces empotés, ces crapauds bleus, ces Jocrisses qui mènent les poules pisser! Parce que ça s'est donné des titres, ça prétend faire la loi à un homme libre! Bourgeois! Dès qu'ils sont quatre ensemble, ils forment des comités, ils noircissent du papier, ils veulent tout réglementer. — Montre tes papiers, qu'il dit ! — Comme si on avait besoin de leur permission, de leurs signatures, et autres simagrées, pour se défendre, quand on vous attaque ! Que chacun se garde soi-même. Est-ce pas honteux, quand on est un homme, de s'en remettre à d'autres du soin de vous défendre ! Au fond, ils voudraient bien nous faire rendre nos fusils, nous remettre sous le licou. — C'est le ventre de ma mère : on n'y retourne plus. — Et ces autres naïfs, qui crient qu'on les trahit, et qui, à la première injonction, plantent là leur barricade, par respect pour les autorités constituées, et pour ceux qui ont des quibus ! L'habitude du collier : ça ne se perd pas en un jour. C'est heureux qu'il y ait comme moi des chiens errants qui n'ont pas de gîte, et qui ne respectent rien. C'est bon : on reste là, et on veille à leur place. Tonnerre ! On ne laissera pas prendre notre Paris. On a beau n'avoir rien : c'est à moi, comme à eux ; on y tient maintenant. Hier, je ne m'en souciais guère. Que me faisait cette ville, où je n'ai même pas une niche pour m'abriter quand il pleut, et trouver ma pâtée quand j'ai faim ? Que me faisait leur bonheur ou leur malheur à tous ? — Tout est changé maintenant. J'ai ma part dans tout ce qui se fait ici ; tout est un peu à moi : leurs maisons, leur argent, leur cerveau. Il faut que je veille dessus. Ils travaillent pour moi. On est égaux, qu'ils disent, égaux et libres. Bon Dieu ! je sentais ça, mais je ne pouvais pas le dire. — Libre ! — On est gueux, on a faim, on a le ventre vide, ça ne fait rien ; on est libre. Libre ! Ça dilate la poitrine. On respire. On est un roi. On marcherait sur le monde. — Il s'exalte en parlant, et marche à grands pas. Hé là ! Je suis comme

ivre, la tête me tourne; je n'ai pourtant pas bu. Qu'est-
ce donc? — C'est la gloire!

HULIN, sortant de la maison

Ouf! J'étouffe là-dedans. Il faut que je sorte.

L'HOMME EN FACTION

Eh! Hulin! qu'est-ce qu'ils font?

HULIN

Ce qu'ils font? — Ils parlent, ils parlent. Ah! les
sacrés bavards! ils ne sont jamais embarrassés pour
enfiler des phrases. — Desmoulins fait des coq-à-
l'âne, et bredouille des mots latins. Robespierre,
lugubre, offre de s'immoler. Ils mettent tout en question: les lois, le contrat social, la raison, les origines
du monde. L'un fait la guerre à Dieu, et l'autre à la
Nature. Mais quand il s'agit d'aviser à la guerre réelle,
de parer au danger, plus personne! en fait de conseil,
faire comme on fait à Paris, quand il pleut: laisser
pleuvoir. — Au diable les phraseurs!

L'HOMME

Il ne faut pas en dire du mal. C'est beau de bien
parler. Mâtin! il y a de ces mots qu'ils disent, qui vous
remuent jusqu'au fond des entrailles. Ça fait froid dans
le dos. On pleurerait, on tuerait son père, on est fort
comme le monde, on se croit le bon Dieu. — Seulement,
chacun sa besogne! Ils pensent pour nous. C'est à nous
d'agir pour eux.

HULIN

Et que diable veux-tu faire? Regarde.
Il montre la Bastille.

211

Des lumières se promènent sur la tour de gauche. Ils
ne dorment pas plus que nous, là-haut. Ils font la toilette de leurs canons.

HULIN

Qu'est-ce que tu veux qu'on fasse avec eux ? — On
ne peut pas résister.

L'HOMME

Voire.

HULIN

Qu'est-ce que tu dis ?

L'HOMME

Je dis : Voire. Deux petits font un grand.

HULIN

Tu es un optimiste.

L'HOMME

C'est ma nature.

HULIN

Ça ne paraît pas pourtant t'avoir si bien réussi.

L'HOMME, de bonne humeur

C'est ma foi vrai. La chance et moi, nous ne sommes
pas cousins. Depuis que je me connais, je ne me rappelle pas avoir souhaité une seule chose qui soit jamais
arrivée. — Riant. Bon sang ! J'en ai-t-i eu du guignon
dans ma vie ! Ah ! on n'a pas toujours du plaisir en ce
monde ; la vie est mélangée ; toutes heures ne sont pas
bonnes. — Ça ne fait rien. J'espère toujours. On se

trompe quelquefois. Mais cette fois-ci, Hulin, je sens
que c'est la bonne. Le vent tourne. La fortune est avec
nous.

HULIN, goguenard

La fortune ? — Tu feras bien de lui demander d'abord
qu'elle te chausse un peu mieux.

L'HOMME, regardant ses pieds nus

J'aime mieux être dans ces souliers que dans ceux de
Capet. J'irai bien sur ces pieds-là jusqu'à Vienne ou
Berlin, s'il le faut, pour faire la leçon aux rois.

HULIN

Tu n'as pas assez de besogne ici ?

L'HOMME

Cela ne durera pas toujours. Quand nous en
aurons fini, quand on aura fait la toilette de
Paris et de la France, pourquoi n'irions-nous pas
ensemble, — hé ! Hulin ! bras dessus bras dessous,
tous, soldats, bourgeois, et canaille, écheniller l'Europe ? On n'est pas égoïste. Il n'y a pas de plaisir à
garder son plaisir pour soi. Moi, toutes fois que je sais
quelque chose de nouveau, il faut que j'en fasse part
aux autres. Depuis que ces choses bourdonnent en
moi : Liberté, et tout ce nom de Dieu de tonnerre, je
crève du désir de les répéter à tous, de les gueuler
dans le monde. Cré nom ! Si les autres sont comme
moi, cela fera une belle musique ! Je vois déjà le sol
trembler sur notre passage, et l'Europe bouillir, comme
le vin dans la cuve aux vendanges. Les peuples se
jettent à notre cou. C'est comme des ruisseaux qui
forment une rivière. On est un fleuve, on balaye tout.

213

XII

HULIN

Est-ce que tu es malade ?

L'HOMME

Moi ? Je suis sain comme un chou cabus.

HULIN

Et tu rêves souvent tout éveillé, comme ça ?

L'HOMME

Tout le temps. Cela fait du bien. A force de rêver, il finira bien toujours par arriver quelque chose de ce que je rêve. — Hein ! Hulin, qu'en dis-tu ? ça ne serait-il pas une belle promenade ? Est-ce que tu n'en es pas ?

HULIN

Bon. Quand tu auras pris Vienne et Berlin, je me charge de les garder.

L'HOMME

Ne ris pas. Qui sait ?

HULIN

Après tout ! Tout arrive.

L'HOMME

Tout ce qu'on veut, arrive.

HULIN

En attendant, je voudrais bien savoir ce qui arrivera tout à l'heure.

214

L'HOMME

Ça, c'est le difficile. Comment est-ce qu'on fera ? —
Bah ! nous verrons bien. A chaque heure suffit sa tâche.

HULIN

Diables de Français, ils sont tous les mêmes. Ça
pense à ce qui se passera dans un siècle, et ça ne
pense pas au lendemain.

L'HOMME

Possible. Aussi on pensera à nous dans les siècles à
venir.

HULIN

Cela te fera grand bien !

L'HOMME

Mes os en jubilent d'avance. Ce qui me vexe seulement, c'est qu'on ne saura pas mon nom dans l'histoire.

HULIN

Vaniteux !

L'HOMME

Que veux-tu ! J'aime la gloire.

HULIN

C'est une belle chose, bien sûr. — Le malheur est
qu'on n'en jouit que quand on est pourri. Une bonne
pipe vaut mieux.

Vintimille arrive de la droite.

VINTIMILLE

Les rues vides. Deux gueux qui parlent de gloire, en
s'épuçant. Un monceau de meubles brisés par une

215

population d'épileptiques. Voilà cette grande révolte !
Une patrouille suffirait à mettre Paris à la raison.
Qu'attendent-ils à Versailles ?

L'HOMME, se levant brusquement, et allant à Vintimille

Et cet autre, que veut-il ?

VINTIMILLE, le regardant ironiquement

Est-ce le nouvel uniforme de MM. les archers du
guet ? — Ote-toi de là, mon ami !

L'HOMME

Qui êtes-vous ? où allez-vous, à cette heure ?

VINTIMILLE, lui tendant un papier

Sais-tu lire ?

L'HOMME

Des papiers ? — Évidemment que je sais lire. —
A Hulin. Lis, toi. Qu'est-ce qu'il y a dessus ?

HULIN, après avoir lu

Laissez-passer. C'est en règle. Signé du Comité de
l'Hôtel de Ville. Contresigné : le capitaine de la milice
bourgeoise, Gonchon.

L'HOMME

Une bonne plaisanterie ! Tout cela, ça s'achète.
Tout en grognant, il laisse passer Vintimille.

VINTIMILLE

Évidemment. Tout s'achète.
Tout en passant, il tend dédaigneusement de l'argent à l'homme.
Bonsoir.

216

L'HOMME, *sursautant*

Quoi ? Qu'est-ce que c'est que cela ?

VINTIMILLE, *sans se retourner*

Tu le vois bien. Prends, et tais-toi.

L'HOMME, *courant à Vintimille et lui barrant le passage*

Tu es donc un aristocrate ! tu veux m'acheter !

HULIN, *s'interposant*

Laisse, camarade, laisse. Je le connais très bien.
Il s'avance vers Vintimille.

VINTIMILLE, *sans se troubler*

Mais en effet, c'est...

HULIN

C'est Hulin.

VINTIMILLE

Oui da.
Un instant de silence. Ils se regardent tous deux.

HULIN, *à l'homme*

Laisse passer.

L'HOMME, *criant, furieux*

Il a voulu m'acheter, acheter ma conscience !

VINTIMILLE

Ta conscience ? Que veux-tu que j'en fasse ? Voilà
une belle denrée ! Je paye pour les services qu'on me
rend. Prends vite.

217   XII.

L'HOMME

Je ne rends pas de services. Je fais mon devoir.

VINTIMILLE

Alors, c'est pour payer ton devoir : que m'importe ?

L'HOMME

On ne paye pas un devoir. Je suis libre !

VINTIMILLE

Ce n'est ni ton devoir, ni ta liberté, qui te nourrira. Je n'aime pas les phrases. Allons, dépêche-toi. L'argent est toujours bon à prendre, pour quelque raison que ce soit. Ne fais donc pas de façons. Tu en meurs d'envie. Je sais bien que tu céderas toujours, c'est une question de prix. Tu n'en as pas assez ? Combien veux-tu, homme libre ?

L'HOMME, qui a été plusieurs fois sur le point de prendre l'argent, — se jette sur Vintimille. Hulin l'arrête

Laisse-moi, Hulin, laisse-moi !

HULIN

Paix !

L'HOMME

Non, il faut que je le tue !

VINTIMILLE

Qu'a-t-il ?

L'HOMME, maintenu par Hulin, — à Vintimille

Allez-vous en ! — Pourquoi êtes-vous venu ? J'étais heureux, je ne sentais pas ma misère, j'étais libre, j'étais

218

maître de tout. Vous me rappelez que j'ai faim, que je
n'ai rien, que je ne m'appartiens pas, qu'un gredin peut
être maître de moi, avec un peu de sale argent, qui
avilit, et dont on a besoin. Vous m'avez gâté toute ma
joie. Allez-vous-en !

VINTIMILLE

Voilà bien du bruit pour peu de chose. Qui se soucie
de tes scrupules? Je ne te demande rien. Prends.

L'HOMME

J'aimerais mieux crever. — Toi, Hulin, donne-moi.

Vintimille tend l'argent à Hulin, qui retire sa main. L'argent tombe.
L'homme le ramasse.

HULIN

Où vas-tu?

L'HOMME

Me soûler, afin d'oublier.

VINTIMILLE

Oublier quoi?

L'HOMME

Que je ne suis pas libre. — Canaille !

Il sort.

VINTIMILLE

Faiseur d'embarras! — Il n'y a rien de si sot qu'un
gueux, qui se permet de faire l'orgueilleux, et qui n'a
pas les moyens de l'être. — Bonsoir, mon garçon.
Merci.

219

HULIN

Gardez vos remerciements. Je n'ai pas voulu vous
nommer; car vous ne seriez pas sorti vivant d'ici.
C'eût été une trahison de ma part, et je suis un
honnête homme. D'ailleurs, je n'aime pas toutes ces
violences, et je ne crois guère à leurs révolutions. Mais
je ne suis pas des vôtres, et je ne veux pas non plus
que vous puissiez nuire à mes camarades. Qu'êtes-vous
venu faire ici?

VINTIMILLE

Je te trouve bien curieux.

HULIN

Pardon; mais vous jouez avec la mort. Ignorez-vous
comme on vous hait?

VINTIMILLE

Je viens de chez ma maîtresse. — Pour deux ou trois
fous, vais-je changer mes habitudes ?

HULIN

Ils sont plus nombreux que vous ne croyez.

VINTIMILLE

Tant mieux. Plus ils seront nombreux et insolents,
mieux cela vaudra.

HULIN

Pour qui ?

VINTIMILLE

Pour nous. Notre temps est infecté par la sensi-
blerie. On n'ose pas agir. On craint de donner un

ordre pour réprimer l'infâme licence de la populace, de
peur de faire couler quelques gouttes de sang. Cette
faiblesse est la cause des désordres qui ruinent le
royaume. Nous ne serons sauvés du mal que par l'excès
du mal. Une bonne émeute : voilà ce qu'il nous faut.
Un prétexte à la répression. Nous sommes prêts. Ce
sera l'affaire d'un jour; et l'on en aura fini pour cinquante ans avec les malfaisantes et stupides rêveries
des philosophes et des avocats.

HULIN

Ainsi une révolution ferait votre jeu ? Il ne vous
déplairait pas que le peuple se livrât à de sanglantes
violences ? Au besoin, quelques crimes ?

VINTIMILLE

Pourquoi non ? Quelque chose qui fît du bruit.

HULIN

Et si l'on commençait par vous ?

VINTIMILLE

Quelle idée !

HULIN

Savez-vous qu'il m'en prend envie en ce moment ?

VINTIMILLE

Non.

HULIN

Ne me mettez pas au défi !

221

VINTIMILLE

Eh non ! tu ne le feras pas, mon bon. Tu es honnête.

HULIN

Qu'en savez-vous ? Je l'ai dit, je me suis vanté.

VINTIMILLE

Mais non ; c'est maintenant que tu te vantes. Quand tu ne l'aurais pas dit, tu ne saurais être autrement ; cela se lit sur ta face.

HULIN

Et cela m'empêche-t-il de vous arrêter, si je veux ?

VINTIMILLE

Assurément. Il faut bien payer son honnêteté par quelques sacrifices. — Que penserais-tu de toi-même, Hulin, si tu me trahissais ? Ne perdrais-tu pas à tout jamais ce bien inappréciable : ta propre estime ? — Il n'est pas si facile que tu crois de se passer de scrupules. — Tu te vantes, je te dis : tu es un honnête homme. — Adieu.

Il s'éloigne.

HULIN

Il se moque de moi. Il me connaît. — C'est vrai. Les canailles auront toujours l'avantage sur les honnêtes gens, puisque ceux-ci s'imposent des règles, et les autres non. On se demande pourquoi on reste honnête, puisque c'est une duperie. — Parce qu'on ne peut pas faire autrement, sans doute. Bah ! cela vaut mieux ainsi. Je ne pourrais pas respirer, si j'étais aussi mal bâti

222

moralement, aussi malpropre d'âme. — Il n'est que
trop sûr qu'ils auront raison de nous... Le jour vient...
C'eût été bon pourtant de vaincre. — Les pauvres bougres! ils vont nous écraser! — Il hausse les épaules. Et puis
après!

HULIN

C'est Hoche! J'entends son rire! cela fait du bien!

La suite, comme précédemment. Voir page 114.

FÊTE POPULAIRE

XIII

ACTE III

Variante pour une représentation de fête populaire
avec musique et chœurs

Voir page 191

Le pont-levis de la Bastille est baissé. Une clameur formidable éclate. Une marée humaine se rue à l'ouverture de la porte, têtes fourmillantes et hurlantes, hommes et femmes avec des fusils, des piques et des haches. Au premier rang, Gonchon, poussé, agitant son sabre, et criant. Hoche et Hulin se débattent en vain pour les calmer. Des cris de mort et de victoire.

VINTIMILLE, ironique

Adieu, monsieur de Vintimille. — Il se découvre. Messieurs, la Canaille.

QUELQUES INVALIDES, pris d'un brusque transport, criant et agitant leurs chapeaux

Vive la Liberté !

VINTIMILLE

Eh ! messieurs, par pudeur !

LES INVALIDES, avec un enthousiasme débordant

Vive la Liberté !
Ils se débarrassent de leurs fusils et se jettent dans les bras du peuple.

VINTIMILLE, entraîné par un mouvement soudain de folie, dans le délire des autres

Vive la Liberté ! morbleu ! — Se reprenant. Mais qu'est-ce que je fais donc !
Il brise son épée.

SCÈNE FINALE

Fête du Peuple (1) — Triomphe de la Liberté

Mardi 14 juillet, 7 heures du soir. — Place de l'Hôtel-de-Ville.

Peuple qui crie, rit, se rue en tous sens, paré de cocardes vertes, de rubans verts, de feuilles vertes, agitant des branches vertes, délirant de joie, de force et d'orgueil. Au-dessus de cet océan humain, émergent, comme l'écume de vagues qui se brisent sur les rochers, des hommes, femmes, enfants, montés sur des voitures et des chariots arrêtés, sur des échelles, sur des escabeaux, sur des réverbères, sur les épaules les uns des autres, tous portant et secouant des rameaux verts. Une forêt qui ondule aux rayons du soleil couchant.

Au lever du rideau, musique triomphale, (2) qui se termine au milieu du tumulte d'allégresse, des cris d'enthousiasme ininterrompus de la foule.

LE PEUPLE, éclatant de bonheur et d'orgueil, courant sur le théâtre, agitant les branches d'arbres, criant tout d'une voix

Libres ! Nous sommes libres !

DESMOULINS, une branche verte à la main

La forêt de la Liberté a surgi des pavés. Les rameaux verts ondoient au vent. Le vieux cœur de Paris refleurit. Voici le printemps !

LE PEUPLE, tout d'une voix

Libres ! Le ciel est libre !

Les voix se divisent et s'entrechoquent, comme des éclairs.

— Brisé, le poing levé au-dessus de nos têtes !

---

(1) *Voir la note de la fin.*
(2) A défaut de musique originale, l'*Hymne du 14 juillet*, de Gossec, orchestre et chœurs.

— Sous notre talon, la bête !
— Elle est prise ! Elle est prise !

Nous les avons vaincus !

DESMOULINS

L'épouvantail de cette Bastille, cette peau de lion,
dont ils cachaient leur féroce lâcheté, — arrachée de
leurs épaules ! — Et voici paraître tout nu, grelottant et
ridicule, le Roi, le Roi ennemi !

LE PEUPLE

Échec au Roi ! Le Roi est vaincu !
— Paris n'est plus au Roi. Paris est à Paris !

LA VIEILLE FRUITIÈRE, à cheval sur un canon, un fichu rouge autour
de la tête

Au Roi ! Au Roi ! — Voilà mon cheval ! Je l'ai pris. Je
vas atteler l'animal à ma petite voiture ; et nous allons
à Versailles faire visite au gros Louis, M. Capet l'aîné.
J'en ai long à lui dire. Bon Dieu ! depuis des siècles que
j'amasse là-dedans misère sur misère, et patience sur
le tout, j'étouffe : il faut que je dégorge. Bonne bête
qui me résignais, qui croyais nécessaire de souffrir
pour le plaisir des riches ! Voilà que je comprends
maintenant ! Je veux vivre, je veux vivre ! Malheur que
je sois si vieille ! Bon sang ! Je veux regagner le temps
que j'ai perdu ! — Hue ! ma belle, à la Cour !

Elle passe, poussée sur son canon, escortée et suivie par des hommes du
peuple, des bourgeois, des femmes, avec des casques, des boucliers, des
fusils, des lances, des armures, — quatre tambours en tête : un gueux
en guenilles, jambes nues ; une femme ; un enfant ; et un vieux bourgeois, type d'huissier correct et gourmé.

LE PEUPLE

A la Cour ! A Versailles ! Au Roi ! — Oui, nous avons trop souffert ! Nous voulons le bonheur ! Nous avons droit au bonheur ! Nous prendrons le bonheur !

Victoire ! nous t'avons conquise ! Mon cœur bondit de joie dans ma poitrine, j'ai brouté comme une chèvre la vigne de la liberté, et son ivresse baigne mes sens, et m'emporte. Qu'ai-je fait ? Je ne sais. Mais je sais que je suis vainqueur, que je les ai écrasés. Je me sens noyée dans ce flot bienheureux de force qui coule à pleins bords dans la ville. Joie de s'abandonner, de disparaître tout entière dans cet océan humain, pour se retrouver tumultueuse et toute puissante comme lui, pour sentir bouillonner dans ses flancs ces énergies de tonnerre ! — O peuple qui souffles en moi, je t'aime, je suis ta voix, ton instrument, la trompette qui sonne ta victoire et ta joie d'être libre !

DESMOULINS

Bacchante de la Révolution, que grise la Liberté, est-ce l'amour ou la haine, qui rayonne de la joie de ton corps ? Une vapeur de volupté et de meurtre enveloppe tes regards et tes lèvres humides. Tes doigts sont-ils rougis par le vin ou le sang ? — N'importe ! je t'aime, Victoire ! — Evoé ! Chantons la Liberté !

Musique.

CLOOTS

O Paris, ville sainte ! Rome des âmes libres ! Jérusalem nouvelle ! berceau de l'avenir ! tu viens de sonner

230

l'heure de la majorité du monde! Le monde t'appartient.
Mais rien ne t'appartient davantage que mon cœur,
chère ville, mon cœur qui t'adore, et se donne tout à
toi!

LE PEUPLE

Bravo, Prussien!

CLOOTS

Ne me nommez pas ainsi! Je ne suis plus Prussien!
Il n'y a plus de nations! Il n'y a plus de Prusse! Je vous
la donne. Faites-la libre!

FAUCHET

Source de la Liberté, nous avons combattu pour toi!
Achève notre ouvrage! Nous te prions pour nos frères,
pour tous les hommes de l'univers, qui n'ont pas le pouvoir d'atteindre au bonheur, comme nous, avec leurs
forces. Viens à leur secours! Délivre le monde!

MOINES ET PRÊTRES, mathurins, capucins, curés armés, avec des fusils,
des croix, et des bannières, chantant

*Domine, salvam fac gentem, et exaudi nos in die quâ
invocaverimus te!*

LE PEUPLE

Vivent les tonsurés! Vive Sainte-Geneviève!

DESMOULINS

Vivent les papegaux, cardingaux, evesgaux, prestre-
gaux, monagaux! Vivent les archinigauds!

CLOOTS

Mordieu! vive le citoyen Dieu! Une fois n'est pas
coutume.

231

ÉTUDIANTS, bras dessus bras dessous avec des filles, chantant
une chanson de Vadé

Le bonheur suprême,
Le bien que j'aime,
C'est la Liberté,
Mon cœur en est enchanté...

LE PEUPLE

Vivat, Basoche !

DESMOULINS

Chapeau bas devant la plume ! Voilà ce qui tua la
Bastille !

UN ÉTUDIANT, poussant une brouette

A dix sols, à dix sols, les pierres de la Bastille !

LE PEUPLE, riant

Ah ! le farceur ! l'ours n'est pas tué, qu'il vend déjà
la peau.

L'ÉTUDIANT

Le pavé !

UN AUTRE ÉTUDIANT, portant une grande pancarte, avec l'inscription :
« HOMME DE LETTRES SANS LOGEMENT, POUR CAUSE DE FERMETURE DE LA
BASTILLE »

Charité, citoyens ! Où les honnêtes gens coucheront-
ils ce soir ? Il n'y a plus de Bastille.

La foule rit.
Gonchon est porté sur les épaules d'étudiants qui rient et crient. Il
a un sabre à la main, et une couronne de laurier sur la tête.

LES ÉTUDIANTS

L'héroïque Gonchon ! — Le héros malgré lui ! —
Gonchon Poliorcète !

LE PEUPLE

Gonchon, l'ennemi des rois ! La terreur des aristos !

LES ÉTUDIANTS

Il avait si grand peur, qu'il est entré le premier. Il a fui à travers l'ennemi, les mettant tous en fuite, terrible par sa terreur.

DESMOULINS

Canaille ! Qui t'a permis de prendre la Bastille ? Tu devrais être fouetté pour avoir usurpé un honneur dont tu es indigne.

LE PEUPLE

Ses maîtres s'en acquitteront pour nous. Tu seras pendu par eux.

LES ÉTUDIANTS

Tu seras pendu, Gonchon ! tu as pris la Bastille !

> Les porteurs de Gonchon le font sauter sur leurs épaules. Gonchon, tremblant, excité, et ahuri, agite son sabre gauchement, et salue avec sa couronne. La foule danse autour de lui.

DESMOULINS

Le drôle se prend au sérieux. Étrillez-le !

MARAT, apaisé, et souriant de la joie de la foule

Laisse-les rire. On ne hait plus, quand on est vainqueur. Le spectacle du vice n'est plus que ridicule ! Que ce monstre grotesque leur dilate la rate !

> Derrière Gonchon et le groupe des Étudiants, viennent des hommes du peuple et des soldats, des fusils, des faucilles, des bannières vertes, des bannières rouge et bleu. Les combattants de la Bastille, couverts de poussière et de sang, portent des blessés. — Puis, précédée et enveloppée d'une immense acclamation, la petite Julie, debout, droite et immobile, un rameau à la main, sur la grande porte de la Bastille, que tiennent sur leurs épaules une douzaine de défenseurs de la Bastille : Suisses et Invalides. Des chaînes de fer sont à ses pieds. Devant elle marchent Hulin et Hoche, — Hulin, tête nue, cou nu, en bras de chemise, une hache sur l'épaule, — Hoche, portant à la pointe de son sabre l'acte de capitulation de la Bastille.

233

Les Dioscures! Hoche et Hulin! — Et la petite pucelle, qui foule de ses pieds nus le despotisme vaincu, la porte de la Bastille!

LE PEUPLE

La capitulation! — La clef! — Les chaînes!

MARAT

L'acte de déchéance des Rois!

CLOOTS

Les fers de l'Homme brisés!

DESMOULINS

La cage est ouverte. Vole, oiseau-Liberté!

LE PEUPLE, reconnaissant les Suisses et les Invalides qui portent
et qui suivent Julie

Et ceux-là, qui sont-ils? — Ce sont ces canailles de Suisses! — Et ceux-ci, je les reconnais. Le régiment des éclopés. — Ha! l'ennemi! Tue-les! Ils ont tiré sur nous!

Ils sifflent, et veulent frapper. — Hoche, Hulin et Marat s'interposent.

MARAT

Et qu'en voulez-vous faire? Voulez-vous les manger?

Le peuple rit.

HULIN

La bataille est finie.

HOCHE

Il n'y a plus d'ennemis.

Grâce pour nos amis, nos amis les ennemis !

Entends-tu cette petite ?

Tous frères, tous amis !

Frères ! Frères !

Tous frères, elle a raison !

Vive le peuple !

Vive la vieille gloire !

Petite, petite, c'est toi qui nous a sauvés.

Mais c'est elle aussi qui vous a vaincus, camarades.
C'est ce petit atome qui a pris la Bastille.

Tu es notre bonne conscience.

Tu es notre petite Liberté.

LE PEUPLE

Petite fleur, prunelle de nos yeux, notre chère petite âme, notre frêle, notre pure, notre amie Liberté !

Ils tendent les bras vers elle ; ils se pressent autour d'elle. Les femmes lui envoient des baisers. Elle a les yeux fermés, mais sourit, et tend aussi les bras, et tremble.

HOCHE, frappant sur l'épaule de Hulin, qui a partagé l'émotion et l'enthousiasme de la foule

Eh bien, Hulin ?... Éternel douteur, es-tu enfin convaincu ?

HULIN s'essuie les yeux. — Entêté

Oui, — quoique...

Les rires de Hoche et du peuple lui coupent la parole. Il s'interrompt, et rit plus fort que les autres. — Il s'arrête, regarde autour de lui, voit à l'encoignure de la première maison sur la place une statue dans une niche, statue de saint ou de Roi. Il va brusquement à elle, et la saisit.

A bas, toi ! Fais place à la Liberté !

Il la jette à terre, enlève dans ses bras la petite Julie, et la pose dans la niche, à la place de la statue.

Ma force se réveille et prend conscience d'elle-même. La Bastille terrassée !... J'ai fait cela, moi ! Nous avons fait cela ! — Nous en ferons bien d'autres ! Nous allons nettoyer les écuries d'Augias, purger la terre des monstres, étouffer dans nos bras le lion de la royauté. Notre poing va battre le despotisme, comme le marteau l'enclume. Hardi, les compagnons, forgeons la République ! — Force trop longtemps comprimée, qui fais craquer ma poitrine, éclate, déborde ! Roule, torrent de la Révolution !

Musique. Orchestre seul. — Le soleil couchant baigne de sa pourpre la place, la foule, les rameaux verts, et la petite Liberté.

236

HOCHE

Soleil, tu peux dormir, nous n'avons point perdu notre journée.

LA CONTAT

Ses feux mourants rougissent les vitres du palais, les rameaux balancés, et la houle des têtes, et la petite Liberté.

RULIN

Le ciel sonne la guerre.

FAUCHET

Comme Celui qui entra, il y a dix-sept cents ans, au milieu des rameaux, cette petite fille n'est pas venue parmi nous pour apporter la paix.

DESMOULINS

Il y a du sang sur nous.

ROBESPIERRE, avec un fanatisme intense et concentré

C'est le nôtre.

LE PEUPLE, surexcité

C'est le mien ! — c'est le mien ! — Nous te l'offrons, Liberté !

DESMOULINS

Au diable notre vie ! Notre œuvre est immortelle.

FAUCHET

Les grands bonheurs s'achètent.

CLOOTS

Nous sommes prêts à payer.

237

XIV

Nous paierons.

Nous paierons !

Les rondes s'organisent. La musique accompagne les discours qui suivent. (1)

DESMOULINS

La fleur de liberté est éclose dans la prison du monde. Ton rameau vert, ô petite fille, est la baguette magique, qui de la terre morte et triste fait sortir les moissons de bonheur. Liberté, tu donnes tout son prix au jour; car tu fais rayonner sur tout ce qui existe la lumière de notre volonté. La vie commence d'aujourd'hui. D'aujourd'hui seulement, elle nous appartient tout entière. Nous sommes maîtres de nous ; nous avons brisé les mailles des lois aveugles, où se débattaient les êtres, comme les poissons dans un filet. Forces obscures du monde, nous vous avons domptées. — *Il se retourne brusquement vers le public.* Et maintenant, à vous ! Achevez notre ouvrage ! La Bastille est à bas : il reste d'autres Bastilles. A l'assaut ! A l'assaut des mensonges ! A l'assaut de la Nuit ! L'Esprit vaincra la Force. Le passé est brisé. La mort est morte !

Air chanté sur la scène.

LA CONTAT, au public

Frères, chantez avec nous ! Notre fête est votre fête. Ce n'est pas le souvenir d'une heure fugitive, ce n'est pas l'image vaine d'une action passée : c'est notre commune victoire, c'est votre délivrance ! Nous avons brisé

---

(1) *Voir la note de la fin.*

les murailles des êtres. Les âmes ne sont plus qu'une âme. Les siècles ne sont qu'un siècle, la vaste plaine du Temps, où s'épand largement le flot libre et joyeux de l'Ame universelle. Rire, rire, amour ! Amis, aimons-nous et rions ! La Joie est avec nous. Joie d'être un avec tous, joie d'aimer avec tous, joie de souffrir avec tous ! Donnons-nous la main ! Formons des danses fraternelles ! Chante, car c'est ta fête, ô peuple de Paris !

Air chanté dans la salle.

MARAT, au public

Cher peuple, il y a si longtemps que tu luttes en vain, que tu peines en silence ! Tant de siècles de souffrances, pour arriver enfin à cette heure d'allégresse ! La liberté t'appartient, garde bien ta conquête !

HULIN, à la petite Julie

O notre liberté, notre lumière, notre amour ! Que tu es petite encore, délicate et fragile ! Pourras-tu résister aux tempêtes prochaines ? — Grandis, grandis, chère petite plante, monte droite et vigoureuse, et réjouis le monde de ton souffle de prairie !

Trompettes.

HOCHE, monte, le sabre à la main, sur la marche d'escalier,
aux pieds de la petite Julie

Sois tranquille, Liberté, à l'abri de nos bras ! Nous te tenons. Malheur à qui te touche ! Tu es à nous, nous sommes à toi. Tout ce qui est à nous est à toi. A toi, ces dépouilles, ces trophées.

Les femmes jettent des fleurs à la Liberté, les hommes inclinent devant elle leurs piques, leurs bannières, leurs rameaux verts, les trophées de la Bastille.

Mais ce n'est pas assez : nous te ferons un immortel

239

triomphe. Fille du peuple de Paris, tes yeux clairs rayonneront pour les peuples asservis. Nous allons promener à travers l'univers le niveau redoutable de l'Égalité. Nous conduirons ton char, au milieu des batailles, par le sabre, par le canon, vers l'Amour, vers la fraternité du genre humain. — Frères! tous frères! tous libres! — Allons délivrer le monde!

Les épées, les lances, les branches d'arbres, les mouchoirs, les chapeaux, et les mains s'agitent au milieu d'acclamations forcenées. Le peuple forme des rondes autour de la Liberté.

NOTE SUR LA DERNIÈRE SCÈNE

C'est ici, comme le titre l'indique, une fête populaire, la fête du Peuple d'hier et d'aujourd'hui, du Peuple éternel. Pour qu'elle prît tout son sens, il faudrait que le public lui-même y participât, qu'il se donnât à lui-même le spectacle de son triomphe, qu'il se mêlât aux chants et aux danses de la fin.

L'objet de ce tableau est justement de réaliser l'union du public et de l'œuvre, de jeter un pont entre la salle et la scène, de faire d'une action dramatique réellement une action. Le drame s'adresse soudain directement au peuple. Desmoulins, la Contat, Marat, Hoche l'appellent. Mais ce n'est pas assez, et la parole ne suffit plus. Il faut, pour donner à l'œuvre son couronnement logique, et au fait historique sa portée universelle, l'entrée en scène d'une puissance nouvelle : la Musique, la force tyrannique des sons, qui remue les lourdes foules passives ; cette illusion magique, qui supprime le Temps, et donne à ce qu'elle touche un caractère absolu.

La musique doit être ici le fond de la fresque, la trame des paroles. Pas un instant elle ne doit se taire, — tantôt forte et distincte, tantôt douce et voilée. Son office est de préciser le sens héroïque de la fête, et de combler les silences qu'une foule de théâtre ne peut jamais réussir à remplir complètement, qui s'ouvrent malgré tout au milieu de ses cris, et qui détruisent l'illusion de la vie continue. Il n'est pas nécessaire que le public saisisse tous les mots de la foule, pas plus que toutes les notes de l'orchestre et des chœurs ; il faut qu'il ait seulement l'impression d'une kermesse exubérante et triomphante.

Je voudrais de plus l'obsession impérieuse d'un thème,
— thème de joie et d'action — thème de la Liberté conqué-
rant le monde, — qui germât dès le commencement, grandît
peu à peu, s'imposât avec la ténacité d'une idée fixe, et
finît, au dénouement, par tout embrasser et s'emparer de
tout : de tous les autres thèmes (1) et de toutes les masses
populaires.

Car il faut arriver à ceci, — peut-être impossible à réaliser
aujourd'hui, mais qui doit l'être un jour, et qui est le prin-
cipe d'un art populaire nouveau : — *le public contraint de
mêler non seulement sa pensée, mais sa voix à l'action; le
Peuple devenant acteur lui-même dans la fête du Peuple.*

Voici la disposition nouvelle de l'orchestre et des chœurs,
telle que je l'imagine. Se joignant à l'obsession du thème
continu, elle peut puissamment contribuer à l'effet que
nous cherchons :

1° Après les paroles de Hulin, plaçant la petite Julie
dans la niche de la statue — orchestre et chœurs sur la
scène;

2° Après l'hymne de Desmoulins à la Liberté et son
appel au peuple, un air entraînant et juvénile chanté sur
la scène;

3° La reprise, ou la seconde partie, de cet air serait
chantée, après l'hymne de la Contat, par une ou plusieurs
voix *dans la salle* (aux étages supérieurs du théâtre);

4° La troisième partie de l'air, après le discours de Hoche,
serait reprise par les chœurs sur la scène et par des voix

---

(1) Ces thèmes musicaux peuvent être ramenés à trois types prin-
cipaux :

1° Au lever du rideau, — un chœur à plusieurs parties avec
orchestre, dans le style de l'*Hymne du 14 Juillet* de Gossec. Le caractère de l'époque historique y est encore gardé. C'est le style classique,
mesuré, l'héroïsme cornélien;

2° A l'arrivée de la petite Julie, — rondes et danses dans le style
de la fin du dix-huitième siècle (Haydn et Mozart), — mais qui
s'animent, s'exaltent et s'achèvent (comme déjà le premier thème)
dans un style d'une vie plus libre et plus moderne;

3° Avec les hymnes à la Liberté, — soutenant et rythmant la
parole, — une sorte de marche frémissante, héroïque, haletante,
lançant des mondes à la charge, dans le style de la marche en
si bémol de la dernière partie de la Symphonie avec Chœurs.

disséminées *à tous les étages de la salle, par des groupes de voix, de petits chœurs, encadrant le public, et le forçant moralement, physiquement, à chanter l'hymne avec eux.* — Si ce public est composé, seulement pour une partie, d'hommes du peuple et de jeunes gens qui sentent pour leur compte les passions de la Révolution, je réponds qu'il chantera;

5° Enfin, se joignant aux chœurs, — annoncées dès les premières paroles de Hoche à la petite Liberté, — éclatant de tous les points de la scène et du théâtre, au baisser du rideau, — des sonneries de trompettes; — et aussi des danses, des rondes, le tumulte d'un peuple et d'une armée.

Fini d'écrire à Paris en juin 1901.

Romain Rolland

Fini d'imprimer trois mille exemplaires pour la première édition le jeudi 20 mars 1902

à l'Imprimerie de Suresnes

(E. PAYEN, administrateur)

9, rue du Pont